PONS

Verbtabellen Französisch

von
Pascale Rousseau

Ernst Klett Sprachen
Barcelona • Budapest • London • Posen • Sofia • Stuttgart

PONS
Verbtabellen Französisch

von Dr. Pascale Rousseau

Dieses Werk ist inhaltlich identisch mit
PONS Verbtabellen Französisch, ISBN 3-12-560982-8.

1. Auflage A1 13 12 11 10 / 2006 2005 2004

erschienen bei Ernst Klett Verlag GmbH, Rotebühlstraße 77,
70178 Stuttgart, 2000
Internet: www.pons.de
E-Mail: info@pons.de

Redaktion: Regina Reinboth-Kämpf
Einbandgestaltung: Erwin Poell, Heidelberg;
Designbüro MESCH, Mannheim
Layout/Satz: Fotosatz Kaufmann, Stuttgart
Druck: Druckerei zu Altenburg, Altenburg
Printed in Germany
ISBN 3-12-560845-7

Inhalt

So benutzen Sie dieses Buch

Sie wollen sich die Formen eines bestimmten Verbs einprägen und dabei auf Besonderheiten und Unregelmäßigkeiten aufmerksam gemacht werden, Sie möchten aber auch eine seltene Verbform rasch und gezielt nachschlagen können.

Die PONS Verbtabellen Französisch bieten Ihnen übersichtliche Konjugationstabellen zu 74 regelmäßigen und unregelmäßigen Musterverben, einem reflexiven Verb und zum Passiv. Diese Konjugationsmuster zeigen Ihnen alle Formen – auch die zusammengesetzten – auf einen Blick; auf Besonderheiten wird durch farbliche Hervorhebung und praktische Faustregeln hingewiesen.

Aufbau der Konjugationstabellen

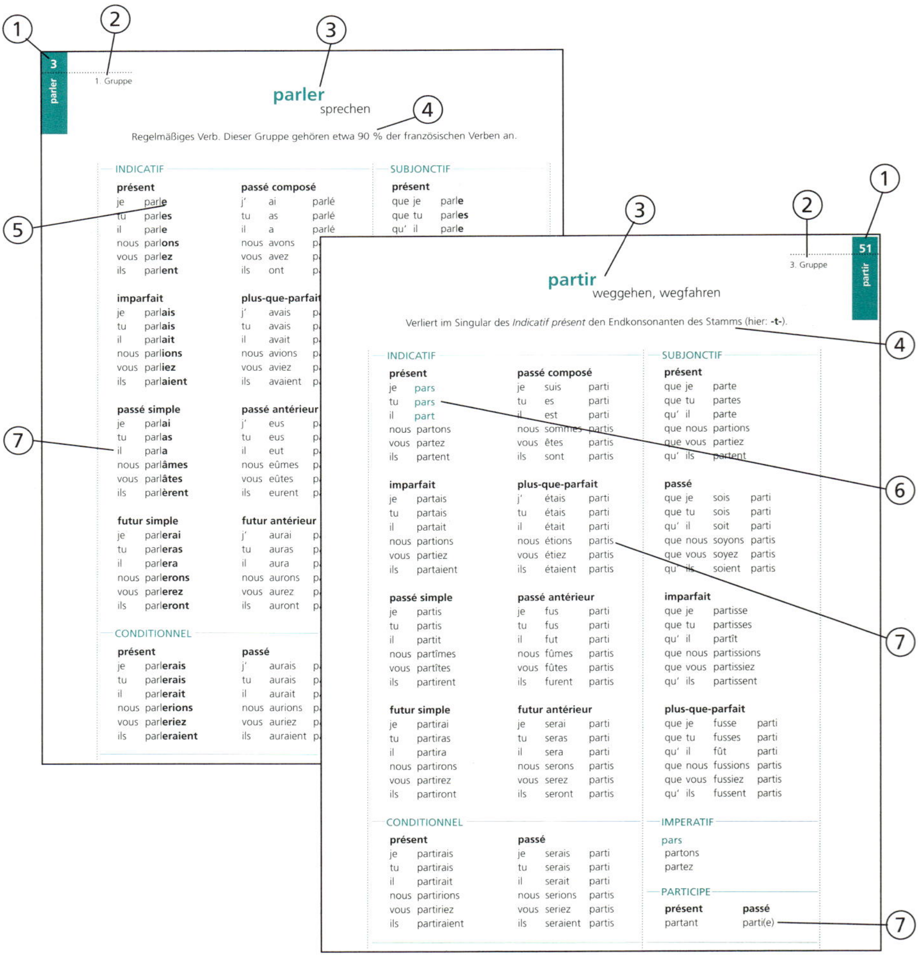

① **Konjugationsnummer:** Mit Hilfe dieser Nummer lassen sich alle in der alphabetischen Verbliste aufgeführten Verben dem jeweils entsprechenden Konjugationsmuster zuordnen.

② **Verbgruppe:** Gibt an, zu welcher der drei französischen Verbgruppen das Musterverb gehört:

1. Gruppe: Verben auf **-er**
2. Gruppe: Verben auf **-ir**
3. Gruppe: Verben auf **-re** und **-oir**

③ **Musterverb mit Übersetzung:** Verb, das exemplarisch für alle ähnlichen Verben (mit gleicher Konjugationsnummer) steht.

④ **Kurzcharakteristik:** Merksatz zu den Besonderheiten/Unregelmäßigkeiten des Konjugationsmusters.

⑤ **Markierung der Endungen:** Bei den regelmäßigen Musterverben der 1. Gruppe *parler* (Nr. 3) und der 2. Gruppe *finir* (Nr. 16) sind die Endungen – Kennzeichen dieser Verbgruppen – fett hervorgehoben.

⑥ **Farbliche Hervorhebung:** Alle Formen, die vom regelmäßigen Konjugationsschema abweichen, sind grün hervorgehoben.

⑦ **Verzicht auf feminine Formen:** Aus Gründen der Übersichtlichkeit wird in der 3. Person Singular und Plural nur die maskuline Form des Personalpronomens angegeben (*elle* bzw. *elles* fehlen). Ebenso wurde bei den zusammengesetzten Zeiten der mit *être* konjugierten Verben lediglich die maskuline Form des Partizips aufgenommen (*nous sommes allés* anstatt *nous sommes allé(e)s*).
Unter dem *Participe passé* ist jedoch stets dessen feminine Form angeführt – sofern es eine gibt.

In der **alphabetischen Verbliste** am Ende der **PONS Verbtabellen Französisch** finden Sie ca. 1.250 weitere regelmäßige und unregelmäßige Verben mit Verweis auf das Konjugationsmuster, nach dessen Vorbild die Formen des gesuchten Verbs gebildet werden. Zusätzlich informiert Sie diese Liste über die **Verwendung von *avoir* und *être*** sowie den **Gebrauch einiger Präpositionen**, die gerade deutschsprachigen Französischlernenden immer wieder Schwierigkeiten bereiten.

Übrigens: Seite 7 bietet Ihnen einen systematischen Überblick über wichtige **orthographische Besonderheiten** der französischen Verben.

Grammatikbegriffe in der Übersicht

Französisch	*Latein*	*Deutsch*
accent circonflexe	Zirkumflex	–
auxiliaire	Hilfsverb	Hilfszeitwort
cédille	Cedille	–
conditionnel passé	≈ Konditional II	Bedingungsform II
conditionnel présent	≈ Konditional I	Bedingungsform I
conjugaison	Konjugation	Beugung des Zeitworts
consonne	Konsonant	Mitlaut
désinence	–	Endung
féminin	feminin	weiblich
futur antérieur	Futur II	vollendete Zukunft
futur simple	Futur I	Zukunft
imparfait	≈ Imperfekt	unvollendete Vergangenheit
impératif	Imperativ	Befehlsform
indicatif	Indikativ	Wirklichkeitsform
infinitif	Infinitiv	Grundform des Zeitworts
masculin	maskulin	männlich
participe passé	Partizip Perfekt	Mittelwort der Vergangenheit
participe présent	Partizip Präsens	Mittelwort der Gegenwart
passé antérieur	≈ Plusquamperfekt II	Vorvergangenheit II
passé composé	≈ Perfekt	vollendete Gegenwart
passé simple	≈ historisches Perfekt	–
passif	Passiv	Leideform
pluriel	Plural	Mehrzahl
plus-que-parfait	Plusquamperfekt I	Vorvergangenheit I
préposition	Präposition	Verhältniswort
présent	Präsens	Gegenwart
pronom	Pronomen	Fürwort
pronom personnel	Personalpronomen	persönliches Fürwort
radical	–	Stamm
singulier	Singular	Einzahl
subjonctif	–	–
temps composé	–	zusammengesetzte Zeit
temps simple	–	einfache Zeit
terminaison	–	Endung
tréma	Trema	–
verbe	Verb	Zeitwort
verbe défectif	defektives Verb	unvollständiges Zeitwort
verbe impersonnel	unpersönliches Verb	unpersönliches Zeitwort
verbe irrégulier	unregelmäßiges Verb	unregelmäßiges Zeitwort
verbe pronominal	reflexives Verb	rückbezügliches Zeitwort
verbe régulier	regelmäßiges Verb	regelmäßiges Zeitwort
voix passive	Passiv	Leideform
voyelle	Vokal	Selbstlaut

Orthographische Besonderheiten

Zahlreiche französische Verben weisen regelmäßige orthographische Veränderungen auf, damit die Aussprache der Grundform beibehalten werden kann:

- Bei Verben auf **-cer** wird **-c-** zu **-ç-** vor Endungen, die mit **-a** oder **-o** beginnen:
  *annon**c**er* → *nous annon**ç**ons, commen**c**er* → *il commen**ç**ait*

- Bei Verben auf **-ger** wird vor Endungen, die mit **-a** oder **-o** beginnen, ein **-e-** eingefügt:
  *man**g**er* → *il man**ge**ait, na**g**er* → *nous na**ge**ons*

- Bei den Verben auf **-oyer** und **-uyer** wird vor nicht hörbarem, nur geschriebenem **-e** das **-y-** zu **-i-**:
  *netto**y**er* → *je netto**i**e,* aber: *nous netto**y**ons*
  *appu**y**er* → *il appu**i**e,* aber: *nous appu**y**ons*

  Verben auf **-ayer** können das **-y-** in allen Formen behalten (oder aber dem Muster **-oyer** / **-uyer** folgen):
  *pa**y**er* → *je pa**y**e* oder *je pa**i**e,*
  *essa**y**er* → *nous essa**y**erons* oder *nous essa**i**erons*

- Bei den Verben der Gruppe *espérer* (Nr. 12) bleibt das **-é-** im *Futur simple* und im *Conditionnel présent* zwar erhalten, wird jedoch wie „ä" ausgesprochen:
  *esp**é**rer* → *j'esp**é**rerai, j'esp**é**rerais*

  Die Schreibweise *j'esp**è**rerai(s)* ist nach den *„Rectifications de l'orthographe"* von 1990 jedoch auch zulässig.

Achtung! Lassen Sie sich nicht irreleiten! Bei den Verben der folgenden Gruppen werden keine Buchstaben verändert oder hinzugefügt:

- Bei Verben mit der Endung **-ier** gehört das **-i-** zum Stamm und bleibt in allen Formen erhalten:
  *pr**i**er* → *que nous pr**ii**ons, cop**i**er* → *que vous cop**ii**ez*

- Verben mit der Endung **-éer** behalten das **-é-** immer bei:
  *cr**é**er* → *ils cr**é**ent, cr**éé**(e), agr**é**er* → *j'agr**é**e, agr**éé**(e)*

- Verben auf **-guer** behalten in allen Formen das **-u-**, auch vor den Vokalen **-a** und **-o**:
  *disting**u**er* → *nous disting**u**ons, conjug**u**er* → *je conjug**u**ais*

  Gleiches gilt für Verben auf **-quer**:
  *fabriq**u**er* → *nous fabriq**u**ons, critiq**u**er* → *ils critiq**u**aient*

Konjugation reflexiver Verben

Die zusammengesetzten Formen werden bei allen Verben mit dem Hilfsverb *être* gebildet. *me, te, se* → *m', t', s'* bei Verben, die mit Vokal (z. B. *s'allonger*) oder mit „stummem h" (z. B. *s'habituer*) anfangen.

INDICATIF

présent

je	me	lève
tu	te	lèves
il	se	lève
nous	nous	levons
vous	vous	levez
ils	se	lèvent

passé composé

je	me	suis	levé
tu	t'	es	levé
il	s'	est	levé
nous	nous	sommes	levés
vous	vous	êtes	levés
ils	se	sont	levés

imparfait

je	me	levais
tu	te	levais
il	se	levait
nous	nous	levions
vous	vous	leviez
ils	se	levaient

plus-que-parfait

je	m'	étais	levé
tu	t'	étais	levé
il	s'	était	levé
nous	nous	étions	levés
vous	vous	étiez	levés
ils	s'	étaient	levés

passé simple

je	me	levai
tu	te	levas
il	se	leva
nous	nous	levâmes
vous	vous	levâtes
ils	se	levèrent

passé antérieur

je	me	fus	levé
tu	te	fus	levé
il	se	fut	levé
nous	nous	fûmes	levés
vous	vous	fûtes	levés
ils	se	furent	levés

futur simple

je	me	lèverai
tu	te	lèveras
il	se	lèvera
nous	nous	lèverons
vous	vous	lèverez
ils	se	lèveront

futur antérieur

je	me	serai	levé
tu	te	seras	levé
il	se	sera	levé
nous	nous	serons	levés
vous	vous	serez	levés
ils	se	seront	levés

CONDITIONNEL

présent

je	me	lèverais
tu	te	lèverais
il	se	lèverait
nous	nous	lèverions
vous	vous	lèveriez
ils	se	lèveraient

passé

je	me	serais	levé
tu	te	serais	levé
il	se	serait	levé
nous	nous	serions	levés
vous	vous	seriez	levés
ils	se	seraient	levés

SUBJONCTIF

présent

que	je	me	lève
que	tu	te	lèves
qu'	il	se	lève
que	nous	nous	levions
que	vous	vous	leviez
qu'	ils	se	lèvent

passé

que	je	me	sois	levé
que	tu	te	sois	levé
qu'	il	se	soit	levé
que	nous	nous	soyons	levés
que	vous	vous	soyez	levés
qu'	ils	se	soient	levés

imparfait

que	je	me	levasse
que	tu	te	levasses
qu'	il	se	levât
que	nous	nous	levassions
que	vous	vous	levassiez
qu'	ils	se	levassent

plus-que-parfait

que	je	me	fusse	levé
que	tu	te	fusses	levé
qu'	il	se	fût	levé
que	nous	nous	fussions	levés
que	vous	vous	fussiez	levés
qu'	ils	se	fussent	levés

IMPERATIF

lève-toi
levons-nous
levez-vous

PARTICIPE

présent	**passé**
se levant	s'étant levé

Passiv

Das Passiv wird stets mit dem Hilfsverb *être* gebildet. Ist das Subjekt feminin oder Plural, so richtet sich das Partizip danach: *elle est élu**e**...*

INDICATIF

présent

je	suis	élu
tu	es	élu
il	est	élu
nous	sommes	élus
vous	êtes	élus
ils	sont	élus

passé composé

j'	ai	été	élu
tu	as	été	élu
il	a	été	élu
nous	avons	été	élus
vous	avez	été	élus
ils	ont	été	élus

imparfait

j'	étais	élu
tu	étais	élu
il	était	élu
nous	étions	élus
vous	étiez	élus
ils	étaient	élus

plus-que-parfait

j'	avais	été	élu
tu	avais	été	élu
il	avait	été	élu
nous	avions	été	élus
vous	aviez	été	élus
ils	avaient	été	élus

passé simple

je	fus	élu
tu	fus	élu
il	fut	élu
nous	fûmes	élus
vous	fûtes	élus
ils	furent	élus

passé antérieur

j'	eus	été	élu
tu	eus	été	élu
il	eut	été	élu
nous	eûmes	été	élus
vous	eûtes	été	élus
ils	eurent	été	élus

futur simple

je	serai	élu
tu	seras	élu
il	sera	élu
nous	serons	élus
vous	serez	élus
ils	seront	élus

futur antérieur

j'	aurai	été	élu
tu	auras	été	élu
il	aura	été	élu
nous	aurons	été	élus
vous	aurez	été	élus
ils	auront	été	élus

CONDITIONNEL

présent

je	serais	élu
tu	serais	élu
il	serait	élu
nous	serions	élus
vous	seriez	élus
ils	seraient	élus

passé

j'	aurais	été	élu
tu	aurais	été	élu
il	aurait	été	élu
nous	aurions	été	élus
vous	auriez	été	élus
ils	auraient	été	élus

SUBJONCTIF

présent

que	je	sois	élu
que	tu	sois	élu
qu'	il	soit	élu
que	nous	soyons	élus
que	vous	soyez	élus
qu'	ils	soient	élus

passé

que	j'	aie	été	élu
que	tu	aies	été	élu
qu'	il	ait	été	élu
que	nous	ayons	été	élus
que	vous	ayez	été	élus
qu'	ils	aient	été	élus

imparfait

que	je	fusse	élu
que	tu	fusses	élu
qu'	il	fût	élu
que	nous	fussions	élus
que	vous	fussiez	élus
qu'	ils	fussent	élus

plus-que-parfait

que	j'	eusse	été	élu
que	tu	eusses	été	élu
qu'	il	eût	été	élu
que	nous	eussions	été	élus
que	vous	eussiez	été	élus
qu'	ils	eussent	été	élus

IMPERATIF

sois	élu
soyons	élus
soyez	élus

PARTICIPE

présent	**passé**
étant élu	ayant été élu

3. Gruppe

avoir
haben

Hilfsverb

INDICATIF

présent		passé composé		
j'	ai	j'	ai	eu
tu	as	tu	as	eu
il	a	il	a	eu
nous	avons	nous	avons	eu
vous	avez	vous	avez	eu
ils	ont	ils	ont	eu

imparfait		plus-que-parfait		
j'	avais	j'	avais	eu
tu	avais	tu	avais	eu
il	avait	il	avait	eu
nous	avions	nous	avions	eu
vous	aviez	vous	aviez	eu
ils	avaient	ils	avaient	eu

passé simple		passé antérieur		
j'	eus	j'	eus	eu
tu	eus	tu	eus	eu
il	eut	il	eut	eu
nous	eûmes	nous	eûmes	eu
vous	eûtes	vous	eûtes	eu
ils	eurent	ils	eurent	eu

futur simple		futur antérieur		
j'	aurai	j'	aurai	eu
tu	auras	tu	auras	eu
il	aura	il	aura	eu
nous	aurons	nous	aurons	eu
vous	aurez	vous	aurez	eu
ils	auront	ils	auront	eu

CONDITIONNEL

présent		passé		
j'	aurais	j'	aurais	eu
tu	aurais	tu	aurais	eu
il	aurait	il	aurait	eu
nous	aurions	nous	aurions	eu
vous	auriez	vous	auriez	eu
ils	auraient	ils	auraient	eu

SUBJONCTIF

présent	
que j'	aie
que tu	aies
qu' il	ait
que nous	ayons
que vous	ayez
qu' ils	aient

passé		
que j'	aie	eu
que tu	aies	eu
qu' il	ait	eu
que nous	ayons	eu
que vous	ayez	eu
qu' ils	aient	eu

imparfait	
que j'	eusse
que tu	eusses
qu' il	eût
que nous	eussions
que vous	eussiez
qu' ils	eussent

plus-que-parfait		
que j'	eusse	eu
que tu	eusses	eu
qu' il	eût	eu
que nous	eussions	eu
que vous	eussiez	eu
qu' ils	eussent	eu

IMPERATIF

aie
ayons
ayez

PARTICIPE

présent	passé
ayant	eu(e)

être
sein

Hilfsverb

INDICATIF

présent		passé composé		
je	suis	j'	ai	été
tu	es	tu	as	été
il	est	il	a	été
nous	sommes	nous	avons	été
vous	êtes	vous	avez	été
ils	sont	ils	ont	été

imparfait		plus-que-parfait		
j'	étais	j'	avais	été
tu	étais	tu	avais	été
il	était	il	avait	été
nous	étions	nous	avions	été
vous	étiez	vous	aviez	été
ils	étaient	ils	avaient	été

passé simple		passé antérieur		
je	fus	j'	eus	été
tu	fus	tu	eus	été
il	fut	il	eut	été
nous	fûmes	nous	eûmes	été
vous	fûtes	vous	eûtes	été
ils	furent	ils	eurent	été

futur simple		futur antérieur		
je	serai	j'	aurai	été
tu	seras	tu	auras	été
il	sera	il	aura	été
nous	serons	nous	aurons	été
vous	serez	vous	aurez	été
ils	seront	ils	auront	été

CONDITIONNEL

présent		passé		
je	serais	j'	aurais	été
tu	serais	tu	aurais	été
il	serait	il	aurait	été
nous	serions	nous	aurions	été
vous	seriez	vous	auriez	été
ils	seraient	ils	auraient	été

SUBJONCTIF

présent

que je	sois
que tu	sois
qu' il	soit
que nous	soyons
que vous	soyez
qu' ils	soient

passé

que j'	aie	été
que tu	aies	été
qu' il	ait	été
que nous	ayons	été
que vous	ayez	été
qu' ils	aient	été

imparfait

que je	fusse
que tu	fusses
qu' il	fût
que nous	fussions
que vous	fussiez
qu' ils	fussent

plus-que-parfait

que j'	eusse	été
que tu	eusses	été
qu' il	eût	été
que nous	eussions	été
que vous	eussiez	été
qu' ils	eussent	été

IMPERATIF

sois
soyons
soyez

PARTICIPE

présent	passé
étant	été *(unveränderlich)*

parler
sprechen

Regelmäßiges Verb. Dieser Gruppe gehören etwa 90 % der französischen Verben an.

INDICATIF

présent

je	parl**e**
tu	parl**es**
il	parl**e**
nous	parl**ons**
vous	parl**ez**
ils	parl**ent**

passé composé

j'	ai	parlé
tu	as	parlé
il	a	parlé
nous	avons	parlé
vous	avez	parlé
ils	ont	parlé

imparfait

je	parl**ais**
tu	parl**ais**
il	parl**ait**
nous	parl**ions**
vous	parl**iez**
ils	parl**aient**

plus-que-parfait

j'	avais	parlé
tu	avais	parlé
il	avait	parlé
nous	avions	parlé
vous	aviez	parlé
ils	avaient	parlé

passé simple

je	parl**ai**
tu	parl**as**
il	parl**a**
nous	parl**âmes**
vous	parl**âtes**
ils	parl**èrent**

passé antérieur

j'	eus	parlé
tu	eus	parlé
il	eut	parlé
nous	eûmes	parlé
vous	eûtes	parlé
ils	eurent	parlé

futur simple

je	parl**erai**
tu	parl**eras**
il	parl**era**
nous	parl**erons**
vous	parl**erez**
ils	parl**eront**

futur antérieur

j'	aurai	parlé
tu	auras	parlé
il	aura	parlé
nous	aurons	parlé
vous	aurez	parlé
ils	auront	parlé

CONDITIONNEL

présent

je	parl**erais**
tu	parl**erais**
il	parl**erait**
nous	parl**erions**
vous	parl**eriez**
ils	parl**eraient**

passé

j'	aurais	parlé
tu	aurais	parlé
il	aurait	parlé
nous	aurions	parlé
vous	auriez	parlé
ils	auraient	parlé

SUBJONCTIF

présent

que je	parl**e**
que tu	parl**es**
qu' il	parl**e**
que nous	parl**ions**
que vous	parl**iez**
qu' ils	parl**ent**

passé

que j'	aie	parlé
que tu	aies	parlé
qu' il	ait	parlé
que nous	ayons	parlé
que vous	ayez	parlé
qu' ils	aient	parlé

imparfait

que je	parl**asse**
que tu	parl**asses**
qu' il	parl**ât**
que nous	parl**assions**
que vous	parl**assiez**
qu' ils	parl**assent**

plus-que-parfait

que j'	eusse	parlé
que tu	eusses	parlé
qu' il	eût	parlé
que nous	eussions	parlé
que vous	eussiez	parlé
qu' ils	eussent	parlé

IMPERATIF

parl**e**
parl**ons**
parl**ez**

PARTICIPE

présent	**passé**
parl**ant**	parl**é(e)**

prier

beten, bitten

Regelmäßiges Verb. Das **-i-** gehört zum Stamm und bleibt in allen Formen erhalten.

INDICATIF

présent

je	prie
tu	pries
il	prie
nous	prions
vous	priez
ils	prient

passé composé

j'	ai	prié
tu	as	prié
il	a	prié
nous	avons	prié
vous	avez	prié
ils	ont	prié

imparfait

je	priais
tu	priais
il	priait
nous	priions
vous	priiez
ils	priaient

plus-que-parfait

j'	avais	prié
tu	avais	prié
il	avait	prié
nous	avions	prié
vous	aviez	prié
ils	avaient	prié

passé simple

je	priai
tu	prias
il	pria
nous	priâmes
vous	priâtes
ils	prièrent

passé antérieur

j'	eus	prié
tu	eus	prié
il	eut	prié
nous	eûmes	prié
vous	eûtes	prié
ils	eurent	prié

futur simple

je	prierai
tu	prieras
il	priera
nous	prierons
vous	prierez
ils	prieront

futur antérieur

j'	aurai	prié
tu	auras	prié
il	aura	prié
nous	aurons	prié
vous	aurez	prié
ils	auront	prié

CONDITIONNEL

présent

je	prierais
tu	prierais
il	prierait
nous	prierions
vous	prieriez
ils	prieraient

passé

j'	aurais	prié
tu	aurais	prié
il	aurait	prié
nous	aurions	prié
vous	auriez	prié
ils	auraient	prié

SUBJONCTIF

présent

que je	prie
que tu	pries
qu' il	prie
que nous	priions
que vous	priiez
qu' ils	prient

passé

que j'	aie	prié
que tu	aies	prié
qu' il	ait	prié
que nous	ayons	prié
que vous	ayez	prié
qu' ils	aient	prié

imparfait

que je	priasse
que tu	priasses
qu' il	priât
que nous	priassions
que vous	priassiez
qu' ils	priassent

plus-que-parfait

que j'	eusse	prié
que tu	eusses	prié
qu' il	eût	prié
que nous	eussions	prié
que vous	eussiez	prié
qu' ils	eussent	prié

IMPERATIF

prie
prions
priez

PARTICIPE

présent	**passé**
priant	prié(e)

créer
schaffen

Regelmäßiges Verb. Das **-é-** gehört zum Stamm. Es bleibt in allen Formen erhalten, so dass mehrere **-e-** bzw. **-é-** aufeinander folgen können.

INDICATIF

présent

je	crée
tu	crées
il	crée
nous	créons
vous	créez
ils	créent

passé composé

j'	ai	créé
tu	as	créé
il	a	créé
nous	avons	créé
vous	avez	créé
ils	ont	créé

imparfait

je	créais
tu	créais
il	créait
nous	créions
vous	créiez
ils	créaient

plus-que-parfait

j'	avais	créé
tu	avais	créé
il	avait	créé
nous	avions	créé
vous	aviez	créé
ils	avaient	créé

passé simple

je	créai
tu	créas
il	créa
nous	créâmes
vous	créâtes
ils	créèrent

passé antérieur

j'	eus	créé
tu	eus	créé
il	eut	créé
nous	eûmes	créé
vous	eûtes	créé
ils	eurent	créé

futur simple

je	créerai
tu	créeras
il	créera
nous	créerons
vous	créerez
ils	créeront

futur antérieur

j'	aurai	créé
tu	auras	créé
il	aura	créé
nous	aurons	créé
vous	aurez	créé
ils	auront	créé

CONDITIONNEL

présent

je	créerais
tu	créerais
il	créerait
nous	créerions
vous	créeriez
ils	créeraient

passé

j'	aurais	créé
tu	aurais	créé
il	aurait	créé
nous	aurions	créé
vous	auriez	créé
ils	auraient	créé

SUBJONCTIF

présent

que je	crée
que tu	crées
qu' il	crée
que nous	créions
que vous	créiez
qu' ils	créent

passé

que j'	aie	créé
que tu	aies	créé
qu' il	ait	créé
que nous	ayons	créé
que vous	ayez	créé
qu' ils	aient	créé

imparfait

que je	créasse
que tu	créasses
qu' il	créât
que nous	créassions
que vous	créassiez
qu' ils	créassent

plus-que-parfait

que j'	eusse	créé
que tu	eusses	créé
qu' il	eût	créé
que nous	eussions	créé
que vous	eussiez	créé
qu' ils	eussent	créé

IMPERATIF

crée
créons
créez

PARTICIPE

présent	**passé**
créant	créé (créée)

annoncer

ankündigen

Regelmäßiges Verb mit orthographischer Besonderheit: **-c-** → **-ç-** vor **-a** und **-o**.

INDICATIF

présent		passé composé		
j'	annonce	j'	ai	annoncé
tu	annonces	tu	as	annoncé
il	annonce	il	a	annoncé
nous	annonçons	nous	avons	annoncé
vous	annoncez	vous	avez	annoncé
ils	annoncent	ils	ont	annoncé

imparfait		plus-que-parfait		
j'	annonçais	j'	avais	annoncé
tu	annonçais	tu	avais	annoncé
il	annonçait	il	avait	annoncé
nous	annoncions	nous	avions	annoncé
vous	annonciez	vous	aviez	annoncé
ils	annonçaient	ils	avaient	annoncé

passé simple		passé antérieur		
j'	annonçai	j'	eus	annoncé
tu	annonças	tu	eus	annoncé
il	annonça	il	eut	annoncé
nous	annonçâmes	nous	eûmes	annoncé
vous	annonçâtes	vous	eûtes	annoncé
ils	annoncèrent	ils	eurent	annoncé

futur simple		futur antérieur		
j'	annoncerai	j'	aurai	annoncé
tu	annonceras	tu	auras	annoncé
il	annoncera	il	aura	annoncé
nous	annoncerons	nous	aurons	annoncé
vous	annoncerez	vous	aurez	annoncé
ils	annonceront	ils	auront	annoncé

CONDITIONNEL

présent		passé		
j'	annoncerais	j'	aurais	annoncé
tu	annoncerais	tu	aurais	annoncé
il	annoncerait	il	aurait	annoncé
nous	annoncerions	nous	aurions	annoncé
vous	annonceriez	vous	auriez	annoncé
ils	annonceraient	ils	auraient	annoncé

SUBJONCTIF

présent	
que j'	annonce
que tu	annonces
qu' il	annonce
que nous	annoncions
que vous	annonciez
qu' ils	annoncent

passé		
que j'	aie	annoncé
que tu	aies	annoncé
qu' il	ait	annoncé
que nous	ayons	annoncé
que vous	ayez	annoncé
qu' ils	aient	annoncé

imparfait	
que j'	annonçasse
que tu	annonçasses
qu' il	annonçât
que nous	annonçassions
que vous	annonçassiez
qu' ils	annonçassent

plus-que-parfait		
que j'	eusse	annoncé
que tu	eusses	annoncé
qu' il	eût	annoncé
que nous	eussions	annoncé
que vous	eussiez	annoncé
qu' ils	eussent	annoncé

IMPERATIF

annonce
annonçons
annoncez

PARTICIPE

présent	passé
annonçant	annoncé(e)

manger
essen

Regelmäßiges Verb mit orthographischer Besonderheit: **-g-** → **-ge-** vor **-a** und **-o**.

INDICATIF

présent

je	mange
tu	manges
il	mange
nous	mangeons
vous	mangez
ils	mangent

passé composé

j'	ai	mangé
tu	as	mangé
il	a	mangé
nous	avons	mangé
vous	avez	mangé
ils	ont	mangé

imparfait

je	mangeais
tu	mangeais
il	mangeait
nous	mangions
vous	mangiez
ils	mangeaient

plus-que-parfait

j'	avais	mangé
tu	avais	mangé
il	avait	mangé
nous	avions	mangé
vous	aviez	mangé
ils	avaient	mangé

passé simple

je	mangeai
tu	mangeas
il	mangea
nous	mangeâmes
vous	mangeâtes
ils	mangèrent

passé antérieur

j'	eus	mangé
tu	eus	mangé
il	eut	mangé
nous	eûmes	mangé
vous	eûtes	mangé
ils	eurent	mangé

futur simple

je	mangerai
tu	mangeras
il	mangera
nous	mangerons
vous	mangerez
ils	mangeront

futur antérieur

j'	aurai	mangé
tu	auras	mangé
il	aura	mangé
nous	aurons	mangé
vous	aurez	mangé
ils	auront	mangé

CONDITIONNEL

présent

je	mangerais
tu	mangerais
il	mangerait
nous	mangerions
vous	mangeriez
ils	mangeraient

passé

j'	aurais	mangé
tu	aurais	mangé
il	aurait	mangé
nous	aurions	mangé
vous	auriez	mangé
ils	auraient	mangé

SUBJONCTIF

présent

que je	mange
que tu	manges
qu' il	mange
que nous	mangions
que vous	mangiez
qu' ils	mangent

passé

que j'	aie	mangé
que tu	aies	mangé
qu' il	ait	mangé
que nous	ayons	mangé
que vous	ayez	mangé
qu' ils	aient	mangé

imparfait

que je	mangeasse
que tu	mangeasses
qu' il	mangeât
que nous	mangeassions
que vous	mangeassiez
qu' ils	mangeassent

plus-que-parfait

que j'	eusse	mangé
que tu	eusses	mangé
qu' il	eût	mangé
que nous	eussions	mangé
que vous	eussiez	mangé
qu' ils	eussent	mangé

IMPERATIF

mange
mangeons
mangez

PARTICIPE

présent	**passé**
mangeant	mangé(e)

appeler
rufen

Regelmäßiges Verb, aber: **-l-** → **-ll-** vor stummem **-e**.

INDICATIF

présent

j' appelle
tu appelles
il appelle
nous appelons
vous appelez
ils appellent

passé composé

j' ai appelé
tu as appelé
il a appelé
nous avons appelé
vous avez appelé
ils ont appelé

imparfait

j' appelais
tu appelais
il appelait
nous appelions
vous appeliez
ils appelaient

plus-que-parfait

j' avais appelé
tu avais appelé
il avait appelé
nous avions appelé
vous aviez appelé
ils avaient appelé

passé simple

j' appelai
tu appelas
il appela
nous appelâmes
vous appelâtes
ils appelèrent

passé antérieur

j' eus appelé
tu eus appelé
il eut appelé
nous eûmes appelé
vous eûtes appelé
ils eurent appelé

futur simple

j' appellerai
tu appelleras
il appellera
nous appellerons
vous appellerez
ils appelleront

futur antérieur

j' aurai appelé
tu auras appelé
il aura appelé
nous aurons appelé
vous aurez appelé
ils auront appelé

CONDITIONNEL

présent

j' appellerais
tu appellerais
il appellerait
nous appellerions
vous appelleriez
ils appelleraient

passé

j' aurais appelé
tu aurais appelé
il aurait appelé
nous aurions appelé
vous auriez appelé
ils auraient appelé

SUBJONCTIF

présent

que j' appelle
que tu appelles
qu' il appelle
que nous appelions
que vous appeliez
qu' ils appellent

passé

que j' aie appelé
que tu aies appelé
qu' il ait appelé
que nous ayons appelé
que vous ayez appelé
qu' ils aient appelé

imparfait

que j' appelasse
que tu appelasses
qu' il appelât
que nous appelassions
que vous appelassiez
qu' ils appelassent

plus-que-parfait

que j' eusse appelé
que tu eusses appelé
qu' il eût appelé
que nous eussions appelé
que vous eussiez appelé
qu' ils eussent appelé

IMPERATIF

appelle
appelons
appelez

PARTICIPE

présent
appelant

passé
appelé(e)

jeter
werfen

Regelmäßiges Verb, aber: **-t-** → **-tt-** vor stummem **-e**.

INDICATIF

présent

je	jette
tu	jettes
il	jette
nous	jetons
vous	jetez
ils	jettent

passé composé

j'	ai	jeté
tu	as	jeté
il	a	jeté
nous	avons	jeté
vous	avez	jeté
ils	ont	jeté

imparfait

je	jetais
tu	jetais
il	jetait
nous	jetions
vous	jetiez
ils	jetaient

plus-que-parfait

j'	avais	jeté
tu	avais	jeté
il	avait	jeté
nous	avions	jeté
vous	aviez	jeté
ils	avaient	jeté

passé simple

je	jetai
tu	jetas
il	jeta
nous	jetâmes
vous	jetâtes
ils	jetèrent

passé antérieur

j'	eus	jeté
tu	eus	jeté
il	eut	jeté
nous	eûmes	jeté
vous	eûtes	jeté
ils	eurent	jeté

futur simple

je	jetterai
tu	jetteras
il	jettera
nous	jetterons
vous	jetterez
ils	jetteront

futur antérieur

j'	aurai	jeté
tu	auras	jeté
il	aura	jeté
nous	aurons	jeté
vous	aurez	jeté
ils	auront	jeté

CONDITIONNEL

présent

je	jetterais
tu	jetterais
il	jetterait
nous	jetterions
vous	jetteriez
ils	jetteraient

passé

j'	aurais	jeté
tu	aurais	jeté
il	aurait	jeté
nous	aurions	jeté
vous	auriez	jeté
ils	auraient	jeté

SUBJONCTIF

présent

que je	jette
que tu	jettes
qu' il	jette
que nous	jetions
que vous	jetiez
qu' ils	jettent

passé

que j'	aie	jeté
que tu	aies	jeté
qu' il	ait	jeté
que nous	ayons	jeté
que vous	ayez	jeté
qu' ils	aient	jeté

imparfait

que je	jetasse
que tu	jetasses
qu' il	jetât
que nous	jetassions
que vous	jetassiez
qu' ils	jetassent

plus-que-parfait

que j'	eusse	jeté
que tu	eusses	jeté
qu' il	eût	jeté
que nous	eussions	jeté
que vous	eussiez	jeté
qu' ils	eussent	jeté

IMPERATIF

jette
jetons
jetez

PARTICIPE

présent	passé
jetant	jeté(e)

geler
frieren

Regelmäßiges Verb, aber: **-e-** → **-è-** vor Endung mit stummem **-e**.

INDICATIF

présent

je	gèle
tu	gèles
il	gèle
nous	gelons
vous	gelez
ils	gèlent

passé composé

j'	ai	gelé
tu	as	gelé
il	a	gelé
nous	avons	gelé
vous	avez	gelé
ils	ont	gelé

imparfait

je	gelais
tu	gelais
il	gelait
nous	gelions
vous	geliez
ils	gelaient

plus-que-parfait

j'	avais	gelé
tu	avais	gelé
il	avait	gelé
nous	avions	gelé
vous	aviez	gelé
ils	avaient	gelé

passé simple

je	gelai
tu	gelas
il	gela
nous	gelâmes
vous	gelâtes
ils	gelèrent

passé antérieur

j'	eus	gelé
tu	eus	gelé
il	eut	gelé
nous	eûmes	gelé
vous	eûtes	gelé
ils	eurent	gelé

futur simple

je	gèlerai
tu	gèleras
il	gèlera
nous	gèlerons
vous	gèlerez
ils	gèleront

futur antérieur

j'	aurai	gelé
tu	auras	gelé
il	aura	gelé
nous	aurons	gelé
vous	aurez	gelé
ils	auront	gelé

CONDITIONNEL

présent

je	gèlerais
tu	gèlerais
il	gèlerait
nous	gèlerions
vous	gèleriez
ils	gèleraient

passé

j'	aurais	gelé
tu	aurais	gelé
il	aurait	gelé
nous	aurions	gelé
vous	auriez	gelé
ils	auraient	gelé

SUBJONCTIF

présent

que je	gèle
que tu	gèles
qu' il	gèle
que nous	gelions
que vous	geliez
qu' ils	gèlent

passé

que j'	aie	gelé
que tu	aies	gelé
qu' il	ait	gelé
que nous	ayons	gelé
que vous	ayez	gelé
qu' ils	aient	gelé

imparfait

que je	gelasse
que tu	gelasses
qu' il	gelât
que nous	gelassions
que vous	gelassiez
qu' ils	gelassent

plus-que-parfait

que j'	eusse	gelé
que tu	eusses	gelé
qu' il	eût	gelé
que nous	eussions	gelé
que vous	eussiez	gelé
qu' ils	eussent	gelé

IMPERATIF

gèle
gelons
gelez

PARTICIPE

présent	**passé**
gelant	gelé(e)

acheter
kaufen

Regelmäßiges Verb, aber: **-e-** → **-è-** vor Endung mit stummem **-e**.

INDICATIF

présent

j'	achète
tu	achètes
il	achète
nous	achetons
vous	achetez
ils	achètent

passé composé

j'	ai	acheté
tu	as	acheté
il	a	acheté
nous	avons	acheté
vous	avez	acheté
ils	ont	acheté

imparfait

j'	achetais
tu	achetais
il	achetait
nous	achetions
vous	achetiez
ils	achetaient

plus-que-parfait

j'	avais	acheté
tu	avais	acheté
il	avait	acheté
nous	avions	acheté
vous	aviez	acheté
ils	avaient	acheté

passé simple

j'	achetai
tu	achetas
il	acheta
nous	achetâmes
vous	achetâtes
ils	achetèrent

passé antérieur

j'	eus	acheté
tu	eus	acheté
il	eut	acheté
nous	eûmes	acheté
vous	eûtes	acheté
ils	eurent	acheté

futur simple

j'	achèterai
tu	achèteras
il	achètera
nous	achèterons
vous	achèterez
ils	achèteront

futur antérieur

j'	aurai	acheté
tu	auras	acheté
il	aura	acheté
nous	aurons	acheté
vous	aurez	acheté
ils	auront	acheté

CONDITIONNEL

présent

j'	achèterais
tu	achèterais
il	achèterait
nous	achèterions
vous	achèteriez
ils	achèteraient

passé

j'	aurais	acheté
tu	aurais	acheté
il	aurait	acheté
nous	aurions	acheté
vous	auriez	acheté
ils	auraient	acheté

SUBJONCTIF

présent

que j'	achète
que tu	achètes
qu' il	achète
que nous	achetions
que vous	achetiez
qu' ils	achètent

passé

que j'	aie	acheté
que tu	aies	acheté
qu' il	ait	acheté
que nous	ayons	acheté
que vous	ayez	acheté
qu' ils	aient	acheté

imparfait

que j'	achetasse
que tu	achetasses
qu' il	achetât
que nous	achetassions
que vous	achetassiez
qu' ils	achetassent

plus-que-parfait

que j'	eusse	acheté
que tu	eusses	acheté
qu' il	eût	acheté
que nous	eussions	acheté
que vous	eussiez	acheté
qu' ils	eussent	acheté

IMPERATIF

achète
achetons
achetez

PARTICIPE

présent	**passé**
achetant	acheté(e)

espérer
hoffen

Regelmäßiges Verb, aber: **-é-** → **-è-** vor einsilbiger Endung mit stummem **-e**.

INDICATIF

présent

j'	espère
tu	espères
il	espère
nous	espérons
vous	espérez
ils	espèrent

passé composé

j'	ai	espéré
tu	as	espéré
il	a	espéré
nous	avons	espéré
vous	avez	espéré
ils	ont	espéré

imparfait

j'	espérais
tu	espérais
il	espérait
nous	espérions
vous	espériez
ils	espéraient

plus-que-parfait

j'	avais	espéré
tu	avais	espéré
il	avait	espéré
nous	avions	espéré
vous	aviez	espéré
ils	avaient	espéré

passé simple

j'	espérai
tu	espéras
il	espéra
nous	espérâmes
vous	espérâtes
ils	espérèrent

passé antérieur

j'	eus	espéré
tu	eus	espéré
il	eut	espéré
nous	eûmes	espéré
vous	eûtes	espéré
ils	eurent	espéré

futur simple

j'	espérerai
tu	espéreras
il	espérera
nous	espérerons
vous	espérerez
ils	espéreront

futur antérieur

j'	aurai	espéré
tu	auras	espéré
il	aura	espéré
nous	aurons	espéré
vous	aurez	espéré
ils	auront	espéré

CONDITIONNEL

présent

j'	espérerais
tu	espérerais
il	espérerait
nous	espérerions
vous	espéreriez
ils	espéreraient

passé

j'	aurais	espéré
tu	aurais	espéré
il	aurait	espéré
nous	aurions	espéré
vous	auriez	espéré
ils	auraient	espéré

SUBJONCTIF

présent

que j'	espère
que tu	espères
qu' il	espère
que nous	espérions
que vous	espériez
qu' ils	espèrent

passé

que j'	aie	espéré
que tu	aies	espéré
qu' il	ait	espéré
que nous	ayons	espéré
que vous	ayez	espéré
qu' ils	aient	espéré

imparfait

que j'	espérasse
que tu	espérasses
qu' il	espérât
que nous	espérassions
que vous	espérassiez
qu' ils	espérassent

plus-que-parfait

que j'	eusse	espéré
que tu	eusses	espéré
qu' il	eût	espéré
que nous	eussions	espéré
que vous	eussiez	espéré
qu' ils	eussent	espéré

IMPERATIF

espère
espérons
espérez

PARTICIPE

présent	**passé**
espérant	espéré(e)

payer
zahlen

Regelmäßiges Verb mit orthographischer Besonderheit: **-y-** → **-i-** vor stummem **-e**.
Kann das **-y-** aber auch in allen Formen behalten.

INDICATIF

présent

je	paie / paye
tu	paies / payes
il	paie / paye
nous	payons
vous	payez
ils	paient / payent

passé composé

j'	ai	payé
tu	as	payé
il	a	payé
nous	avons	payé
vous	avez	payé
ils	ont	payé

imparfait

je	payais
tu	payais
il	payait
nous	payions
vous	payiez
ils	payaient

plus-que-parfait

j'	avais	payé
tu	avais	payé
il	avait	payé
nous	avions	payé
vous	aviez	payé
ils	avaient	payé

passé simple

je	payai
tu	payas
il	paya
nous	payâmes
vous	payâtes
ils	payèrent

passé antérieur

j'	eus	payé
tu	eus	payé
il	eut	payé
nous	eûmes	payé
vous	eûtes	payé
ils	eurent	payé

futur simple

je	paierai / payerai
tu	paieras / payeras
il	paiera / payera
nous	paierons / payerons
vous	paierez / payerez
ils	paieront / payeront

futur antérieur

j'	aurai	payé
tu	auras	payé
il	aura	payé
nous	aurons	payé
vous	aurez	payé
ils	auront	payé

CONDITIONNEL

présent

je	paierais / payerais
tu	paierais / payerais
il	paierait / payerait
nous	paierions / payerions
vous	paieriez / payeriez
ils	paieraient / payeraient

passé

j'	aurais	payé
tu	aurais	payé
il	aurait	payé
nous	aurions	payé
vous	auriez	payé
ils	auraient	payé

SUBJONCTIF

présent

que je	paie / paye
que tu	paies / payes
qu' il	paie / paye
que nous	payions
que vous	payiez
qu' ils	paient / payent

passé

que j'	aie	payé
que tu	aies	payé
qu' il	ait	payé
que nous	ayons	payé
que vous	ayez	payé
qu' ils	aient	payé

imparfait

que je	payasse
que tu	payasses
qu' il	payât
que nous	payassions
que vous	payassiez
qu' ils	payassent

plus-que-parfait

que j'	eusse	payé
que tu	eusses	payé
qu' il	eût	payé
que nous	eussions	payé
que vous	eussiez	payé
qu' ils	eussent	payé

IMPERATIF

paie / paye
payons
payez

PARTICIPE

présent	**passé**
payant	payé(e)

appuyer
drücken

Regelmäßiges Verb mit orthographischer Besonderheit: **-y-** → **-i-** vor stummem **-e**.

INDICATIF

présent		passé composé		
j'	appuie	j'	ai	appuyé
tu	appuies	tu	as	appuyé
il	appuie	il	a	appuyé
nous	appuyons	nous	avons	appuyé
vous	appuyez	vous	avez	appuyé
ils	appuient	ils	ont	appuyé

imparfait		plus-que-parfait		
j'	appuyais	j'	avais	appuyé
tu	appuyais	tu	avais	appuyé
il	appuyait	il	avait	appuyé
nous	appuyions	nous	avions	appuyé
vous	appuyiez	vous	aviez	appuyé
ils	appuyaient	ils	avaient	appuyé

passé simple		passé antérieur		
j'	appuyai	j'	eus	appuyé
tu	appuyas	tu	eus	appuyé
il	appuya	il	eut	appuyé
nous	appuyâmes	nous	eûmes	appuyé
vous	appuyâtes	vous	eûtes	appuyé
ils	appuyèrent	ils	eurent	appuyé

futur simple		futur antérieur		
j'	appuierai	j'	aurai	appuyé
tu	appuieras	tu	auras	appuyé
il	appuiera	il	aura	appuyé
nous	appuierons	nous	aurons	appuyé
vous	appuierez	vous	aurez	appuyé
ils	appuieront	ils	auront	appuyé

CONDITIONNEL

présent		passé		
j'	appuierais	j'	aurais	appuyé
tu	appuierais	tu	aurais	appuyé
il	appuierait	il	aurait	appuyé
nous	appuierions	nous	aurions	appuyé
vous	appuieriez	vous	auriez	appuyé
ils	appuieraient	ils	auraient	appuyé

SUBJONCTIF

présent	
que j'	appuie
que tu	appuies
qu' il	appuie
que nous	appuyions
que vous	appuyiez
qu' ils	appuient

passé		
que j'	aie	appuyé
que tu	aies	appuyé
qu' il	ait	appuyé
que nous	ayons	appuyé
que vous	ayez	appuyé
qu' ils	aient	appuyé

imparfait	
que j'	appuyasse
que tu	appuyasses
qu' il	appuyât
que nous	appuyassions
que vous	appuyassiez
qu' ils	appuyassent

plus-que-parfait		
que j'	eusse	appuyé
que tu	eusses	appuyé
qu' il	eût	appuyé
que nous	eussions	appuyé
que vous	eussiez	appuyé
qu' ils	eussent	appuyé

IMPERATIF

appuie
appuyons
appuyez

PARTICIPE

présent	passé
appuyant	appuyé(e)

envoyer
schicken

Wie Konjugation Nr. 14 mit abweichendem *Futur simple* und *Conditionnel présent*.

INDICATIF

présent

j'	envoie
tu	envoies
il	envoie
nous	envoyons
vous	envoyez
ils	envoient

passé composé

j'	ai	envoyé
tu	as	envoyé
il	a	envoyé
nous	avons	envoyé
vous	avez	envoyé
ils	ont	envoyé

imparfait

j'	envoyais
tu	envoyais
il	envoyait
nous	envoyions
vous	envoyiez
ils	envoyaient

plus-que-parfait

j'	avais	envoyé
tu	avais	envoyé
il	avait	envoyé
nous	avions	envoyé
vous	aviez	envoyé
ils	avaient	envoyé

passé simple

j'	envoyai
tu	envoyas
il	envoya
nous	envoyâmes
vous	envoyâtes
ils	envoyèrent

passé antérieur

j'	eus	envoyé
tu	eus	envoyé
il	eut	envoyé
nous	eûmes	envoyé
vous	eûtes	envoyé
ils	eurent	envoyé

futur simple

j'	enverrai
tu	enverras
il	enverra
nous	enverrons
vous	enverrez
ils	enverront

futur antérieur

j'	aurai	envoyé
tu	auras	envoyé
il	aura	envoyé
nous	aurons	envoyé
vous	aurez	envoyé
ils	auront	envoyé

CONDITIONNEL

présent

j'	enverrais
tu	enverrais
il	enverrait
nous	enverrions
vous	enverriez
ils	enverraient

passé

j'	aurais	envoyé
tu	aurais	envoyé
il	aurait	envoyé
nous	aurions	envoyé
vous	auriez	envoyé
ils	auraient	envoyé

SUBJONCTIF

présent

que	j'	envoie
que	tu	envoies
qu'	il	envoie
que	nous	envoyions
que	vous	envoyiez
qu'	ils	envoient

passé

que	j'	aie	envoyé
que	tu	aies	envoyé
qu'	il	ait	envoyé
que	nous	ayons	envoyé
que	vous	ayez	envoyé
qu'	ils	aient	envoyé

imparfait

que	j'	envoyasse
que	tu	envoyasses
qu'	il	envoyât
que	nous	envoyassions
que	vous	envoyassiez
qu'	ils	envoyassent

plus-que-parfait

que	j'	eusse	envoyé
que	tu	eusses	envoyé
qu'	il	eût	envoyé
que	nous	eussions	envoyé
que	vous	eussiez	envoyé
qu'	ils	eussent	envoyé

IMPERATIF

envoie
envoyons
envoyez

PARTICIPE

présent	**passé**
envoyant	envoyé(e)

finir

beenden

Regelmäßiges Verb. Zu dieser Gruppe gehören ca. 300 französische Verben.

INDICATIF

présent

je	fin**is**
tu	fin**is**
il	fin**it**
nous	fin**issons**
vous	fin**issez**
ils	fin**issent**

passé composé

j'	ai	fini
tu	as	fini
il	a	fini
nous	avons	fini
vous	avez	fini
ils	ont	fini

imparfait

je	fin**issais**
tu	fin**issais**
il	fin**issait**
nous	fin**issions**
vous	fin**issiez**
ils	fin**issaient**

plus-que-parfait

j'	avais	fini
tu	avais	fini
il	avait	fini
nous	avions	fini
vous	aviez	fini
ils	avaient	fini

passé simple

je	fin**is**
tu	fin**is**
il	fin**it**
nous	fin**îmes**
vous	fin**îtes**
ils	fin**irent**

passé antérieur

j'	eus	fini
tu	eus	fini
il	eut	fini
nous	eûmes	fini
vous	eûtes	fini
ils	eurent	fini

futur simple

je	fin**irai**
tu	fin**iras**
il	fin**ira**
nous	fin**irons**
vous	fin**irez**
ils	fin**iront**

futur antérieur

j'	aurai	fini
tu	auras	fini
il	aura	fini
nous	aurons	fini
vous	aurez	fini
ils	auront	fini

CONDITIONNEL

présent

je	fin**irais**
tu	fin**irais**
il	fin**irait**
nous	fin**irions**
vous	fin**iriez**
ils	fin**iraient**

passé

j'	aurais	fini
tu	aurais	fini
il	aurait	fini
nous	aurions	fini
vous	auriez	fini
ils	auraient	fini

SUBJONCTIF

présent

que je	fin**isse**
que tu	fin**isses**
qu' il	fin**isse**
que nous	fin**issions**
que vous	fin**issiez**
qu' ils	fin**issent**

passé

que j'	aie	fini
que tu	aies	fini
qu' il	ait	fini
que nous	ayons	fini
que vous	ayez	fini
qu' ils	aient	fini

imparfait

que je	fin**isse**
que tu	fin**isses**
qu' il	fin**ît**
que nous	fin**issions**
que vous	fin**issiez**
qu' ils	fin**issent**

plus-que-parfait

que j'	eusse	fini
que tu	eusses	fini
qu' il	eût	fini
que nous	eussions	fini
que vous	eussiez	fini
qu' ils	eussent	fini

IMPERATIF

fin**is**
fin**issons**
fin**issez**

PARTICIPE

présent	**passé**
fin**issant**	fin**i(e)**

absoudre
lossprechen

Das **-d-** wird nur im *Futur simple* und *Conditonnel présent* beibehalten.

INDICATIF

présent

j'	absous
tu	absous
il	absout
nous	absolvons
vous	absolvez
ils	absolvent

passé composé

j'	ai	absous
tu	as	absous
il	a	absous
nous	avons	absous
vous	avez	absous
ils	ont	absous

imparfait

j'	absolvais
tu	absolvais
il	absolvait
nous	absolvions
vous	absolviez
ils	absolvaient

plus-que-parfait

j'	avais	absous
tu	avais	absous
il	avait	absous
nous	avions	absous
vous	aviez	absous
ils	avaient	absous

passé simple

j'	absolus
tu	absolus
il	absolut
nous	absolûmes
vous	absolûtes
ils	absolurent

passé antérieur

j'	eus	absous
tu	eus	absous
il	eut	absous
nous	eûmes	absous
vous	eûtes	absous
ils	eurent	absous

futur simple

j'	absoudrai
tu	absoudras
il	absoudra
nous	absoudrons
vous	absoudrez
ils	absoudront

futur antérieur

j'	aurai	absous
tu	auras	absous
il	aura	absous
nous	aurons	absous
vous	aurez	absous
ils	auront	absous

CONDITIONNEL

présent

j'	absoudrais
tu	absoudrais
il	absoudrait
nous	absoudrions
vous	absoudriez
ils	absoudraient

passé

j'	aurais	absous
tu	aurais	absous
il	aurait	absous
nous	aurions	absous
vous	auriez	absous
ils	auraient	absous

SUBJONCTIF

présent

que j'	absolve
que tu	absolves
qu' il	absolve
que nous	absolvions
que vous	absolviez
qu' ils	absolvent

passé

que j'	aie	absous
que tu	aies	absous
qu' il	ait	absous
que nous	ayons	absous
que vous	ayez	absous
qu' ils	aient	absous

imparfait

que j'	absolusse
que tu	absolusses
qu' il	absolût
que nous	absolussions
que vous	absolussiez
qu' ils	absolussent

plus-que-parfait

que j'	eusse	absous
que tu	eusses	absous
qu' il	eût	absous
que nous	eussions	absous
que vous	eussiez	absous
qu' ils	eussent	absous

IMPERATIF

absous
absolvons
absolvez

PARTICIPE

présent	**passé**
absolvant	absous (absoute)

accroître

vergrößern

Wird wie *croître* (Nr. 33) konjugiert, Unterschiede jedoch in der Verwendung des *Accent circonflexe* (**î**, **û**).

INDICATIF

présent

j'	accrois
tu	accrois
il	accroît
nous	accroissons
vous	accroissez
ils	accroissent

passé composé

j'	ai	accru
tu	as	accru
il	a	accru
nous	avons	accru
vous	avez	accru
ils	ont	accru

imparfait

j'	accroissais
tu	accroissais
il	accroissait
nous	accroissions
vous	accroissiez
ils	accroissaient

plus-que-parfait

j'	avais	accru
tu	avais	accru
il	avait	accru
nous	avions	accru
vous	aviez	accru
ils	avaient	accru

passé simple

j'	accrus
tu	accrus
il	accrut
nous	accrûmes
vous	accrûtes
ils	accrurent

passé antérieur

j'	eus	accru
tu	eus	accru
il	eut	accru
nous	eûmes	accru
vous	eûtes	accru
ils	eurent	accru

futur simple

j'	accroîtrai
tu	accroîtras
il	accroîtra
nous	accroîtrons
vous	accroîtrez
ils	accroîtront

futur antérieur

j'	aurai	accru
tu	auras	accru
il	aura	accru
nous	aurons	accru
vous	aurez	accru
ils	auront	accru

CONDITIONNEL

présent

j'	accroîtrais
tu	accroîtrais
il	accroîtrait
nous	accroîtrions
vous	accroîtriez
ils	accroîtraient

passé

j'	aurais	accru
tu	aurais	accru
il	aurait	accru
nous	aurions	accru
vous	auriez	accru
ils	auraient	accru

SUBJONCTIF

présent

que j'	accroisse
que tu	accroisses
qu' il	accroisse
que nous	accroissions
que vous	accroissiez
qu' ils	accroissent

passé

que j'	aie	accru
que tu	aies	accru
qu' il	ait	accru
que nous	ayons	accru
que vous	ayez	accru
qu' ils	aient	accru

imparfait

que j'	accrusse
que tu	accrusses
qu' il	accrût
que nous	accrussions
que vous	accrussiez
qu' ils	accrussent

plus-que-parfait

que j'	eusse	accru
que tu	eusses	accru
qu' il	eût	accru
que nous	eussions	accru
que vous	eussiez	accru
qu' ils	eussent	accru

IMPERATIF

accrois
accroissons
accroissez

PARTICIPE

présent	passé
accroissant	accru(e)

acquérir
erwerben

INDICATIF

présent

j'	acquiers
tu	acquiers
il	acquiert
nous	acquérons
vous	acquérez
ils	acquièrent

passé composé

j'	ai	acquis
tu	as	acquis
il	a	acquis
nous	avons	acquis
vous	avez	acquis
ils	ont	acquis

imparfait

j'	acquérais
tu	acquérais
il	acquérait
nous	acquérions
vous	acquériez
ils	acquéraient

plus-que-parfait

j'	avais	acquis
tu	avais	acquis
il	avait	acquis
nous	avions	acquis
vous	aviez	acquis
ils	avaient	acquis

passé simple

j'	acquis
tu	acquis
il	acquit
nous	acquîmes
vous	acquîtes
ils	acquirent

passé antérieur

j'	eus	acquis
tu	eus	acquis
il	eut	acquis
nous	eûmes	acquis
vous	eûtes	acquis
ils	eurent	acquis

futur simple

j'	acquerrai
tu	acquerras
il	acquerra
nous	acquerrons
vous	acquerrez
ils	acquerront

futur antérieur

j'	aurai	acquis
tu	auras	acquis
il	aura	acquis
nous	aurons	acquis
vous	aurez	acquis
ils	auront	acquis

CONDITIONNEL

présent

j'	acquerrais
tu	acquerrais
il	acquerrait
nous	acquerrions
vous	acquerriez
ils	acquerraient

passé

j'	aurais	acquis
tu	aurais	acquis
il	aurait	acquis
nous	aurions	acquis
vous	auriez	acquis
ils	auraient	acquis

SUBJONCTIF

présent

que j'	acquière
que tu	acquières
qu' il	acquière
que nous	acquérions
que vous	acquériez
qu' ils	acquièrent

passé

que j'	aie	acquis
que tu	aies	acquis
qu' il	ait	acquis
que nous	ayons	acquis
que vous	ayez	acquis
qu' ils	aient	acquis

imparfait

que j'	acquisse
que tu	acquisses
qu' il	acquît
que nous	acquissions
que vous	acquissiez
qu' ils	acquissent

plus-que-parfait

que j'	eusse	acquis
que tu	eusses	acquis
qu' il	eût	acquis
que nous	eussions	acquis
que vous	eussiez	acquis
qu' ils	eussent	acquis

IMPERATIF

acquiers
acquérons
acquérez

PARTICIPE

présent	passé
acquérant	acquis(e)

aller
gehen

INDICATIF

présent
je	vais
tu	vas
il	va
nous	allons
vous	allez
ils	vont

passé composé
je	suis	allé
tu	es	allé
il	est	allé
nous	sommes	allés
vous	êtes	allés
ils	sont	allés

imparfait
j'	allais
tu	allais
il	allait
nous	allions
vous	alliez
ils	allaient

plus-que-parfait
j'	étais	allé
tu	étais	allé
il	était	allé
nous	étions	allés
vous	étiez	allés
ils	étaient	allés

passé simple
j'	allai
tu	allas
il	alla
nous	allâmes
vous	allâtes
ils	allèrent

passé antérieur
je	fus	allé
tu	fus	allé
il	fut	allé
nous	fûmes	allés
vous	fûtes	allés
ils	furent	allés

futur simple
j'	irai
tu	iras
il	ira
nous	irons
vous	irez
ils	iront

futur antérieur
je	serai	allé
tu	seras	allé
il	sera	allé
nous	serons	allés
vous	serez	allés
ils	seront	allés

CONDITIONNEL

présent
j'	irais
tu	irais
il	irait
nous	irions
vous	iriez
ils	iraient

passé
je	serais	allé
tu	serais	allé
il	serait	allé
nous	serions	allés
vous	seriez	allés
ils	seraient	allés

SUBJONCTIF

présent
que j'	aille
que tu	ailles
qu' il	aille
que nous	allions
que vous	alliez
qu' ils	aillent

passé
que je	sois	allé
que tu	sois	allé
qu' il	soit	allé
que nous	soyons	allés
que vous	soyez	allés
qu' ils	soient	allés

imparfait
que j'	allasse
que tu	allasses
qu' il	allât
que nous	allassions
que vous	allassiez
qu' ils	allassent

plus-que-parfait
que je	fusse	allé
que tu	fusses	allé
qu' il	fût	allé
que nous	fussions	allés
que vous	fussiez	allés
qu' ils	fussent	allés

IMPERATIF

va, *aber:* vas-y
allons
allez

PARTICIPE

présent	**passé**
allant	allé(e)

assaillir
angreifen

Die Endungen von *Indicatif* und *Subjonctif présent* sowie *Impératif* entsprechen denen der Verben auf **-er**.

INDICATIF

présent

j'	assaille
tu	assailles
il	assaille
nous	assaillons
vous	assaillez
ils	assaillent

passé composé

j'	ai	assailli
tu	as	assailli
il	a	assailli
nous	avons	assailli
vous	avez	assailli
ils	ont	assailli

imparfait

j'	assaillais
tu	assaillais
il	assaillait
nous	assaillions
vous	assailliez
ils	assaillaient

plus-que-parfait

j'	avais	assailli
tu	avais	assailli
il	avait	assailli
nous	avions	assailli
vous	aviez	assailli
ils	avaient	assailli

passé simple

j'	assaillis
tu	assaillis
il	assaillit
nous	assaillîmes
vous	assaillîtes
ils	assaillirent

passé antérieur

j'	eus	assailli
tu	eus	assailli
il	eut	assailli
nous	eûmes	assailli
vous	eûtes	assailli
ils	eurent	assailli

futur simple

j'	assaillirai
tu	assailliras
il	assaillira
nous	assaillirons
vous	assaillirez
ils	assailliront

futur antérieur

j'	aurai	assailli
tu	auras	assailli
il	aura	assailli
nous	aurons	assailli
vous	aurez	assailli
ils	auront	assailli

CONDITIONNEL

présent

j'	assaillirais
tu	assaillirais
il	assaillirait
nous	assaillirions
vous	assailliriez
ils	assailliraient

passé

j'	aurais	assailli
tu	aurais	assailli
il	aurait	assailli
nous	aurions	assailli
vous	auriez	assailli
ils	auraient	assailli

SUBJONCTIF

présent

que j'	assaille
que tu	assailles
qu' il	assaille
que nous	assaillions
que vous	assailliez
qu' ils	assaillent

passé

que j'	aie	assailli
que tu	aies	assailli
qu' il	ait	assailli
que nous	ayons	assailli
que vous	ayez	assailli
qu' ils	aient	assailli

imparfait

que j'	assaillisse
que tu	assaillisses
qu' il	assaillît
que nous	assaillissons
que vous	assaillissez
qu' ils	assaillissent

plus-que-parfait

que j'	eusse	assailli
que tu	eusses	assailli
qu' il	eût	assailli
que nous	eussions	assailli
que vous	eussiez	assailli
qu' ils	eussent	assailli

IMPERATIF

assaille
assaillons
assaillez

PARTICIPE

présent	passé
assaillant	assailli(e)

asseoir (1)

(hin)setzen

Verb mit zwei Konjugationsmustern: 1. Formen mit **-ie-** bzw. **-ey-**

INDICATIF

présent

j'	assieds
tu	assieds
il	assied
nous	asseyons
vous	asseyez
ils	asseyent

passé composé

j'	ai	assis
tu	as	assis
il	a	assis
nous	avons	assis
vous	avez	assis
ils	ont	assis

imparfait

j'	asseyais
tu	asseyais
il	asseyait
nous	asseyions
vous	asseyiez
ils	asseyaient

plus-que-parfait

j'	avais	assis
tu	avais	assis
il	avait	assis
nous	avions	assis
vous	aviez	assis
ils	avaient	assis

passé simple

j'	assis
tu	assis
il	assit
nous	assîmes
vous	assîtes
ils	assirent

passé antérieur

j'	eus	assis
tu	eus	assis
il	eut	assis
nous	eûmes	assis
vous	eûtes	assis
ils	eurent	assis

futur simple

j'	assiérai
tu	assiéras
il	assiéra
nous	assiérons
vous	assiérez
ils	assiéront

futur antérieur

j'	aurai	assis
tu	auras	assis
il	aura	assis
nous	aurons	assis
vous	aurez	assis
ils	auront	assis

CONDITIONNEL

présent

j'	assiérais
tu	assiérais
il	assiérait
nous	assiérions
vous	assiériez
ils	assiéraient

passé

j'	aurais	assis
tu	aurais	assis
il	aurait	assis
nous	aurions	assis
vous	auriez	assis
ils	auraient	assis

SUBJONCTIF

présent

que j'	asseye
que tu	asseyes
qu' il	asseye
que nous	asseyions
que vous	asseyiez
qu' ils	asseyent

passé

que j'	aie	assis
que tu	aies	assis
qu' il	ait	assis
que nous	ayons	assis
que vous	ayez	assis
qu' ils	aient	assis

imparfait

que j'	assisse
que tu	assisses
qu' il	assît
que nous	assissions
que vous	assissiez
qu' ils	assissent

plus-que-parfait

que j'	eusse	assis
que tu	eusses	assis
qu' il	eût	assis
que nous	eussions	assis
que vous	eussiez	assis
qu' ils	eussent	assis

IMPERATIF

assieds
asseyons
asseyez

PARTICIPE

présent	passé
asseyant	assis(e)

asseoir (2)
(hin)setzen

2. Konjugationsmuster: Formen mit **-oi-** bzw. **-oy-**

INDICATIF

présent

j'	assois
tu	assois
il	assoit
nous	assoyons
vous	assoyez
ils	assoient

passé composé

j'	ai	assis
tu	as	assis
il	a	assis
nous	avons	assis
vous	avez	assis
ils	ont	assis

imparfait

j'	assoyais
tu	assoyais
il	assoyait
nous	assoyions
vous	assoyiez
ils	assoyaient

plus-que-parfait

j'	avais	assis
tu	avais	assis
il	avait	assis
nous	avions	assis
vous	aviez	assis
ils	avaient	assis

passé simple

j'	assis
tu	assis
il	assit
nous	assîmes
vous	assîtes
ils	assirent

passé antérieur

j'	eus	assis
tu	eus	assis
il	eut	assis
nous	eûmes	assis
vous	eûtes	assis
ils	eurent	assis

futur simple

j'	assoirai
tu	assoiras
il	assoira
nous	assoirons
vous	assoirez
ils	assoiront

futur antérieur

j'	aurai	assis
tu	auras	assis
il	aura	assis
nous	aurons	assis
vous	aurez	assis
ils	auront	assis

CONDITIONNEL

présent

j'	assoirais
tu	assoirais
il	assoirait
nous	assoirions
vous	assoiriez
ils	assoiraient

passé

j'	aurais	assis
tu	aurais	assis
il	aurait	assis
nous	aurions	assis
vous	auriez	assis
ils	auraient	assis

SUBJONCTIF

présent

que j'	assoie
que tu	assoies
qu' il	assoie
que nous	assoyions
que vous	assoyiez
qu' ils	assoient

passé

que j'	aie	assis
que tu	aies	assis
qu' il	ait	assis
que nous	ayons	assis
que vous	ayez	assis
qu' ils	aient	assis

imparfait

que j'	assisse
que tu	assisses
qu' il	assît
que nous	assissions
que vous	assissiez
qu' ils	assissent

plus-que-parfait

que j'	eusse	assis
que tu	eusses	assis
qu' il	eût	assis
que nous	eussions	assis
que vous	eussiez	assis
qu' ils	eussent	assis

IMPERATIF

assois
assoyons
assoyez

PARTICIPE

présent	passé
assoyant	assis(e)

battre
schlagen

Die Singularformen des *Indicatif présent* und des *Impératif* haben nur ein **-t-**, alle anderen Formen **-tt-**.

INDICATIF

présent
je bats
tu bats
il bat
nous battons
vous battez
ils battent

passé composé
j' ai battu
tu as battu
il a battu
nous avons battu
vous avez battu
ils ont battu

imparfait
je battais
tu battais
il battait
nous battions
vous battiez
ils battaient

plus-que-parfait
j' avais battu
tu avais battu
il avait battu
nous avions battu
vous aviez battu
ils avaient battu

passé simple
je battis
tu battis
il battit
nous battîmes
vous battîtes
ils battirent

passé antérieur
j' eus battu
tu eus battu
il eut battu
nous eûmes battu
vous eûtes battu
ils eurent battu

futur simple
je battrai
tu battras
il battra
nous battrons
vous battrez
ils battront

futur antérieur
j' aurai battu
tu auras battu
il aura battu
nous aurons battu
vous aurez battu
ils auront battu

CONDITIONNEL

présent
je battrais
tu battrais
il battrait
nous battrions
vous battriez
ils battraient

passé
j' aurais battu
tu aurais battu
il aurait battu
nous aurions battu
vous auriez battu
ils auraient battu

SUBJONCTIF

présent
que je batte
que tu battes
qu' il batte
que nous battions
que vous battiez
qu' ils battent

passé
que j' aie battu
que tu aies battu
qu' il ait battu
que nous ayons battu
que vous ayez battu
qu' ils aient battu

imparfait
que je battisse
que tu battisses
qu' il battît
que nous battissions
que vous battissiez
qu' ils battissent

plus-que-parfait
que j' eusse battu
que tu eusses battu
qu' il eût battu
que nous eussions battu
que vous eussiez battu
qu' ils eussent battu

IMPERATIF

bats
battons
battez

PARTICIPE

présent
battant

passé
battu(e)

boire
trinken

INDICATIF

présent		passé composé		
je	bois	j'	ai	bu
tu	bois	tu	as	bu
il	boit	il	a	bu
nous	buvons	nous	avons	bu
vous	buvez	vous	avez	bu
ils	boivent	ils	ont	bu

imparfait		plus-que-parfait		
je	buvais	j'	avais	bu
tu	buvais	tu	avais	bu
il	buvait	il	avait	bu
nous	buvions	nous	avions	bu
vous	buviez	vous	aviez	bu
ils	buvaient	ils	avaient	bu

passé simple		passé antérieur		
je	bus	j'	eus	bu
tu	bus	tu	eus	bu
il	but	il	eut	bu
nous	bûmes	nous	eûmes	bu
vous	bûtes	vous	eûtes	bu
ils	burent	ils	eurent	bu

futur simple		futur antérieur		
je	boirai	j'	aurai	bu
tu	boiras	tu	auras	bu
il	boira	il	aura	bu
nous	boirons	nous	aurons	bu
vous	boirez	vous	aurez	bu
ils	boiront	ils	auront	bu

CONDITIONNEL

présent		passé		
je	boirais	j'	aurais	bu
tu	boirais	tu	aurais	bu
il	boirait	il	aurait	bu
nous	boirions	nous	aurions	bu
vous	boiriez	vous	auriez	bu
ils	boiraient	ils	auraient	bu

SUBJONCTIF

présent	
que je	boive
que tu	boives
qu' il	boive
que nous	buvions
que vous	buviez
qu' ils	boivent

passé		
que j'	aie	bu
que tu	aies	bu
qu' il	ait	bu
que nous	ayons	bu
que vous	ayez	bu
qu' ils	aient	bu

imparfait	
que je	busse
que tu	busses
qu' il	bût
que nous	bussions
que vous	bussiez
qu' ils	bussent

plus-que-parfait		
que j'	eusse	bu
que tu	eusses	bu
qu' il	eût	bu
que nous	eussions	bu
que vous	eussiez	bu
qu' ils	eussent	bu

IMPERATIF

bois
buvons
buvez

PARTICIPE

présent	passé
buvant	bu(e)

bouillir
kochen

INDICATIF

présent

je	bous
tu	bous
il	bout
nous	bouillons
vous	bouillez
ils	bouillent

passé composé

j'	ai	bouilli
tu	as	bouilli
il	a	bouilli
nous	avons	bouilli
vous	avez	bouilli
ils	ont	bouilli

imparfait

je	bouillais
tu	bouillais
il	bouillait
nous	bouillions
vous	bouilliez
ils	bouillaient

plus-que-parfait

j'	avais	bouilli
tu	avais	bouilli
il	avait	bouilli
nous	avions	bouilli
vous	aviez	bouilli
ils	avaient	bouilli

passé simple

je	bouillis
tu	bouillis
il	bouillit
nous	bouillîmes
vous	bouillîtes
ils	bouillirent

passé antérieur

j'	eus	bouilli
tu	eus	bouilli
il	eut	bouilli
nous	eûmes	bouilli
vous	eûtes	bouilli
ils	eurent	bouilli

futur simple

je	bouillirai
tu	bouilliras
il	bouillira
nous	bouillirons
vous	bouillirez
ils	bouilliront

futur antérieur

j'	aurai	bouilli
tu	auras	bouilli
il	aura	bouilli
nous	aurons	bouilli
vous	aurez	bouilli
ils	auront	bouilli

CONDITIONNEL

présent

je	bouillirais
tu	bouillirais
il	bouillirait
nous	bouillirions
vous	bouilliriez
ils	bouilliraient

passé

j'	aurais	bouilli
tu	aurais	bouilli
il	aurait	bouilli
nous	aurions	bouilli
vous	auriez	bouilli
ils	auraient	bouilli

SUBJONCTIF

présent

que je	bouille
que tu	bouilles
qu' il	bouille
que nous	bouillions
que vous	bouilliez
qu' ils	bouillent

passé

que j'	aie	bouilli
que tu	aies	bouilli
qu' il	ait	bouilli
que nous	ayons	bouilli
que vous	ayez	bouilli
qu' ils	aient	bouilli

imparfait

que je	bouillisse
que tu	bouillisses
qu' il	bouillît
que nous	bouillissions
que vous	bouillissiez
qu' ils	bouillissent

plus-que-parfait

que j'	eusse	bouilli
que tu	eusses	bouilli
qu' il	eût	bouilli
que nous	eussions	bouilli
que vous	eussiez	bouilli
qu' ils	eussent	bouilli

IMPERATIF

bous
bouillons
bouillez

PARTICIPE

présent	passé
bouillant	bouilli(e)

conduire
führen

INDICATIF

présent		passé composé		
je	conduis	j'	ai	conduit
tu	conduis	tu	as	conduit
il	conduit	il	a	conduit
nous	conduisons	nous	avons	conduit
vous	conduisez	vous	avez	conduit
ils	conduisent	ils	ont	conduit

imparfait		plus-que-parfait		
je	conduisais	j'	avais	conduit
tu	conduisais	tu	avais	conduit
il	conduisait	il	avait	conduit
nous	conduisions	nous	avions	conduit
vous	conduisiez	vous	aviez	conduit
ils	conduisaient	ils	avaient	conduit

passé simple		passé antérieur		
je	conduisis	j'	eus	conduit
tu	conduisis	tu	eus	conduit
il	conduisit	il	eut	conduit
nous	conduisîmes	nous	eûmes	conduit
vous	conduisîtes	vous	eûtes	conduit
ils	conduisirent	ils	eurent	conduit

futur simple		futur antérieur		
je	conduirai	j'	aurai	conduit
tu	conduiras	tu	auras	conduit
il	conduira	il	aura	conduit
nous	conduirons	nous	aurons	conduit
vous	conduirez	vous	aurez	conduit
ils	conduiront	ils	auront	conduit

CONDITIONNEL

présent		passé		
je	conduirais	j'	aurais	conduit
tu	conduirais	tu	aurais	conduit
il	conduirait	il	aurait	conduit
nous	conduirions	nous	aurions	conduit
vous	conduiriez	vous	auriez	conduit
ils	conduiraient	ils	auraient	conduit

SUBJONCTIF

présent

que je	conduise
que tu	conduises
qu' il	conduise
que nous	conduisions
que vous	conduisiez
qu' ils	conduisent

passé

que j'	aie	conduit
que tu	aies	conduit
qu' il	ait	conduit
que nous	ayons	conduit
que vous	ayez	conduit
qu' ils	aient	conduit

imparfait

que je	conduisisse
que tu	conduisisses
qu' il	conduisît
que nous	conduisissions
que vous	conduisissiez
qu' ils	conduisissent

plus-que-parfait

que j'	eusse	conduit
que tu	eusses	conduit
qu' il	eût	conduit
que nous	eussions	conduit
que vous	eussiez	conduit
qu' ils	eussent	conduit

IMPERATIF

conduis
conduisons
conduisez

PARTICIPE

présent	passé
conduisant	conduit(e)

connaître
kennen

INDICATIF

présent
je	connais
tu	connais
il	connaît
nous	connaissons
vous	connaissez
ils	connaissent

passé composé
j'	ai	connu
tu	as	connu
il	a	connu
nous	avons	connu
vous	avez	connu
ils	ont	connu

imparfait
je	connaissais
tu	connaissais
il	connaissait
nous	connaissions
vous	connaissiez
ils	connaissaient

plus-que-parfait
j'	avais	connu
tu	avais	connu
il	avait	connu
nous	avions	connu
vous	aviez	connu
ils	avaient	connu

passé simple
je	connus
tu	connus
il	connut
nous	connûmes
vous	connûtes
ils	connurent

passé antérieur
j'	eus	connu
tu	eus	connu
il	eut	connu
nous	eûmes	connu
vous	eûtes	connu
ils	eurent	connu

futur simple
je	connaîtrai
tu	connaîtras
il	connaîtra
nous	connaîtrons
vous	connaîtrez
ils	connaîtront

futur antérieur
j'	aurai	connu
tu	auras	connu
il	aura	connu
nous	aurons	connu
vous	aurez	connu
ils	auront	connu

CONDITIONNEL

présent
je	connaîtrais
tu	connaîtrais
il	connaîtrait
nous	connaîtrions
vous	connaîtriez
ils	connaîtraient

passé
j'	aurais	connu
tu	aurais	connu
il	aurait	connu
nous	aurions	connu
vous	auriez	connu
ils	auraient	connu

SUBJONCTIF

présent
que je	connaisse
que tu	connaisses
qu' il	connaisse
que nous	connaissions
que vous	connaissiez
qu' ils	connaissent

passé
que j'	aie	connu
que tu	aies	connu
qu' il	ait	connu
que nous	ayons	connu
que vous	ayez	connu
qu' ils	aient	connu

imparfait
que je	connusse
que tu	connusses
qu' il	connût
que nous	connussions
que vous	connussiez
qu' ils	connussent

plus-que-parfait
que j'	eusse	connu
que tu	eusses	connu
qu' il	eût	connu
que nous	eussions	connu
que vous	eussiez	connu
qu' ils	eussent	connu

IMPERATIF

connais
connaissons
connaissez

PARTICIPE

présent	passé
connaissant	connu(e)

coudre
nähen

INDICATIF

présent

je	couds
tu	couds
il	coud
nous	cousons
vous	cousez
ils	cousent

passé composé

j'	ai	cousu
tu	as	cousu
il	a	cousu
nous	avons	cousu
vous	avez	cousu
ils	ont	cousu

imparfait

je	cousais
tu	cousais
il	cousait
nous	cousions
vous	cousiez
ils	cousaient

plus-que-parfait

j'	avais	cousu
tu	avais	cousu
il	avait	cousu
nous	avions	cousu
vous	aviez	cousu
ils	avaient	cousu

passé simple

je	cousis
tu	cousis
il	cousit
nous	cousîmes
vous	cousîtes
ils	cousirent

passé antérieur

j'	eus	cousu
tu	eus	cousu
il	eut	cousu
nous	eûmes	cousu
vous	eûtes	cousu
ils	eurent	cousu

futur simple

je	coudrai
tu	coudras
il	coudra
nous	coudrons
vous	coudrez
ils	coudront

futur antérieur

j'	aurai	cousu
tu	auras	cousu
il	aura	cousu
nous	aurons	cousu
vous	aurez	cousu
ils	auront	cousu

CONDITIONNEL

présent

je	coudrais
tu	coudrais
il	coudrait
nous	coudrions
vous	coudriez
ils	coudraient

passé

j'	aurais	cousu
tu	aurais	cousu
il	aurait	cousu
nous	aurions	cousu
vous	auriez	cousu
ils	auraient	cousu

SUBJONCTIF

présent

que je	couse
que tu	couses
qu' il	couse
que nous	cousions
que vous	cousiez
qu' ils	cousent

passé

que j'	aie	cousu
que tu	aies	cousu
qu' il	ait	cousu
que nous	ayons	cousu
que vous	ayez	cousu
qu' ils	aient	cousu

imparfait

que je	cousisse
que tu	cousisses
qu' il	cousît
que nous	cousissions
que vous	cousissiez
qu' ils	cousissent

plus-que-parfait

que j'	eusse	cousu
que tu	eusses	cousu
qu' il	eût	cousu
que nous	eussions	cousu
que vous	eussiez	cousu
qu' ils	eussent	cousu

IMPERATIF

couds
cousons
cousez

PARTICIPE

présent	passé
cousant	cousu(e)

courir
laufen

INDICATIF

présent

je cours
tu cours
il court
nous courons
vous courez
ils courent

passé composé

j' ai couru
tu as couru
il a couru
nous avons couru
vous avez couru
ils ont couru

imparfait

je courais
tu courais
il courait
nous courions
vous couriez
ils couraient

plus-que-parfait

j' avais couru
tu avais couru
il avait couru
nous avions couru
vous aviez couru
ils avaient couru

passé simple

je courus
tu courus
il courut
nous courûmes
vous courûtes
ils coururent

passé antérieur

j' eus couru
tu eus couru
il eut couru
nous eûmes couru
vous eûtes couru
ils eurent couru

futur simple

je courrai
tu courras
il courra
nous courrons
vous courrez
ils courront

futur antérieur

j' aurai couru
tu auras couru
il aura couru
nous aurons couru
vous aurez couru
ils auront couru

SUBJONCTIF

présent

que je coure
que tu coures
qu' il coure
que nous courions
que vous couriez
qu' ils courent

passé

que j' aie couru
que tu aies couru
qu' il ait couru
que nous ayons couru
que vous ayez couru
qu' ils aient couru

imparfait

que je courusse
que tu courusses
qu' il courût
que nous courussions
que vous courussiez
qu' ils courussent

plus-que-parfait

que j' eusse couru
que tu eusses couru
qu' il eût couru
que nous eussions couru
que vous eussiez couru
qu' ils eussent couru

CONDITIONNEL

présent

je courrais
tu courrais
il courrait
nous courrions
vous courriez
ils courraient

passé

j' aurais couru
tu aurais couru
il aurait couru
nous aurions couru
vous auriez couru
ils auraient couru

IMPERATIF

cours
courons
courez

PARTICIPE

présent

courant

passé

couru(e)

couvrir
decken

Die Endungen von *Indicatif* und *Subjonctif présent* sowie *Impératif* entsprechen denen der Verben auf **-er**, die des *Futur simple* und des *Conditionnel présent* denen der 2. Gruppe.

INDICATIF

présent		**passé composé**		
je	couvre	j'	ai	couvert
tu	couvres	tu	as	couvert
il	couvre	il	a	couvert
nous	couvrons	nous	avons	couvert
vous	couvrez	vous	avez	couvert
ils	couvrent	ils	ont	couvert

imparfait		**plus-que-parfait**		
je	couvrais	j'	avais	couvert
tu	couvrais	tu	avais	couvert
il	couvrait	il	avait	couvert
nous	couvrions	nous	avions	couvert
vous	couvriez	vous	aviez	couvert
ils	couvraient	ils	avaient	couvert

passé simple		**passé antérieur**		
je	couvris	j'	eus	couvert
tu	couvris	tu	eus	couvert
il	couvrit	il	eut	couvert
nous	couvrîmes	nous	eûmes	couvert
vous	couvrîtes	vous	eûtes	couvert
ils	couvrirent	ils	eurent	couvert

futur simple		**futur antérieur**		
je	couvrirai	j'	aurai	couvert
tu	couvriras	tu	auras	couvert
il	couvrira	il	aura	couvert
nous	couvrirons	nous	aurons	couvert
vous	couvrirez	vous	aurez	couvert
ils	couvriront	ils	auront	couvert

CONDITIONNEL

présent		**passé**		
je	couvrirais	j'	aurais	couvert
tu	couvrirais	tu	aurais	couvert
il	couvrirait	il	aurait	couvert
nous	couvririons	nous	aurions	couvert
vous	couvririez	vous	auriez	couvert
ils	couvriraient	ils	auraient	couvert

SUBJONCTIF

présent	
que je	couvre
que tu	couvres
qu' il	couvre
que nous	couvrions
que vous	couvriez
qu' ils	couvrent

passé		
que j'	aie	couvert
que tu	aies	couvert
qu' il	ait	couvert
que nous	ayons	couvert
que vous	ayez	couvert
qu' ils	aient	couvert

imparfait	
que je	couvrisse
que tu	couvrisses
qu' il	couvrît
que nous	couvrissions
que vous	couvrissiez
qu' ils	couvrissent

plus-que-parfait		
que j'	eusse	couvert
que tu	eusses	couvert
qu' il	eût	couvert
que nous	eussions	couvert
que vous	eussiez	couvert
qu' ils	eussent	couvert

IMPERATIF

couvre
couvrons
couvrez

PARTICIPE

présent	**passé**
couvrant	couvert(e)

craindre
fürchten

INDICATIF

présent

je	crains
tu	crains
il	craint
nous	craignons
vous	craignez
ils	craignent

passé composé

j'	ai	craint
tu	as	craint
il	a	craint
nous	avons	craint
vous	avez	craint
ils	ont	craint

imparfait

je	craignais
tu	craignais
il	craignait
nous	craignions
vous	craigniez
ils	craignaient

plus-que-parfait

j'	avais	craint
tu	avais	craint
il	avait	craint
nous	avions	craint
vous	aviez	craint
ils	avaient	craint

passé simple

je	craignis
tu	craignis
il	craignit
nous	craignîmes
vous	craignîtes
ils	craignirent

passé antérieur

j'	eus	craint
tu	eus	craint
il	eut	craint
nous	eûmes	craint
vous	eûtes	craint
ils	eurent	craint

futur simple

je	craindrai
tu	craindras
il	craindra
nous	craindrons
vous	craindrez
ils	craindront

futur antérieur

j'	aurai	craint
tu	auras	craint
il	aura	craint
nous	aurons	craint
vous	aurez	craint
ils	auront	craint

CONDITIONNEL

présent

je	craindrais
tu	craindrais
il	craindrait
nous	craindrions
vous	craindriez
ils	craindraient

passé

j'	aurais	craint
tu	aurais	craint
il	aurait	craint
nous	aurions	craint
vous	auriez	craint
ils	auraient	craint

SUBJONCTIF

présent

que je	craigne
que tu	craignes
qu' il	craigne
que nous	craignions
que vous	craigniez
qu' ils	craignent

passé

que j'	aie	craint
que tu	aies	craint
qu' il	ait	craint
que nous	ayons	craint
que vous	ayez	craint
qu' ils	aient	craint

imparfait

que je	craignisse
que tu	craignisses
qu' il	craignît
que nous	craignissions
que vous	craignissiez
qu' ils	craignissent

plus-que-parfait

que j'	eusse	craint
que tu	eusses	craint
qu' il	eût	craint
que nous	eussions	craint
que vous	eussiez	craint
qu' ils	eussent	craint

IMPERATIF

crains
craignons
craignez

PARTICIPE

présent	passé
craignant	craint(e)

croire
glauben

INDICATIF

présent

je	crois
tu	crois
il	croit
nous	croyons
vous	croyez
ils	croient

passé composé

j'	ai	cru
tu	as	cru
il	a	cru
nous	avons	cru
vous	avez	cru
ils	ont	cru

imparfait

je	croyais
tu	croyais
il	croyait
nous	croyions
vous	croyiez
ils	croyaient

plus-que-parfait

j'	avais	cru
tu	avais	cru
il	avait	cru
nous	avions	cru
vous	aviez	cru
ils	avaient	cru

passé simple

je	crus
tu	crus
il	crut
nous	crûmes
vous	crûtes
ils	crurent

passé antérieur

j'	eus	cru
tu	eus	cru
il	eut	cru
nous	eûmes	cru
vous	eûtes	cru
ils	eurent	cru

futur simple

je	croirai
tu	croiras
il	croira
nous	croirons
vous	croirez
ils	croiront

futur antérieur

j'	aurai	cru
tu	auras	cru
il	aura	cru
nous	aurons	cru
vous	aurez	cru
ils	auront	cru

CONDITIONNEL

présent

je	croirais
tu	croirais
il	croirait
nous	croirions
vous	croiriez
ils	croiraient

passé

j'	aurais	cru
tu	aurais	cru
il	aurait	cru
nous	aurions	cru
vous	auriez	cru
ils	auraient	cru

SUBJONCTIF

présent

que je	croie
que tu	croies
qu' il	croie
que nous	croyions
que vous	croyiez
qu' ils	croient

passé

que j'	aie	cru
que tu	aies	cru
qu' il	ait	cru
que nous	ayons	cru
que vous	ayez	cru
qu' ils	aient	cru

imparfait

que je	crusse
que tu	crusses
qu' il	crût
que nous	crussions
que vous	crussiez
qu' ils	crussent

plus-que-parfait

que j'	eusse	cru
que tu	eusses	cru
qu' il	eût	cru
que nous	eussions	cru
que vous	eussiez	cru
qu' ils	eussent	cru

IMPERATIF

crois
croyons
croyez

PARTICIPE

présent	passé
croyant	cru(e)

croître
wachsen

Accent circonflexe steht vor **-t-** und vor allen Formen, die mit denen des Verbs *croire* (Nr. 32) verwechselt werden könnten.

INDICATIF

présent

je	croîs
tu	croîs
il	croît
nous	croissons
vous	croissez
ils	croissent

passé composé

j'	ai	crû
tu	as	crû
il	a	crû
nous	avons	crû
vous	avez	crû
ils	ont	crû

imparfait

je	croissais
tu	croissais
il	croissait
nous	croissions
vous	croissiez
ils	croissaient

plus-que-parfait

j'	avais	crû
tu	avais	crû
il	avait	crû
nous	avions	crû
vous	aviez	crû
ils	avaient	crû

passé simple

je	crûs
tu	crûs
il	crût
nous	crûmes
vous	crûtes
ils	crûrent

passé antérieur

j'	eus	crû
tu	eus	crû
il	eut	crû
nous	eûmes	crû
vous	eûtes	crû
ils	eurent	crû

futur simple

je	croîtrai
tu	croîtras
il	croîtra
nous	croîtrons
vous	croîtrez
ils	croîtront

futur antérieur

j'	aurai	crû
tu	auras	crû
il	aura	crû
nous	aurons	crû
vous	aurez	crû
ils	auront	crû

CONDITIONNEL

présent

je	croîtrais
tu	croîtrais
il	croîtrait
nous	croîtrions
vous	croîtriez
ils	croîtraient

passé

j'	aurais	crû
tu	aurais	crû
il	aurait	crû
nous	aurions	crû
vous	auriez	crû
ils	auraient	crû

SUBJONCTIF

présent

que je	croisse
que tu	croisses
qu' il	croisse
que nous	croissions
que vous	croissiez
qu' ils	croissent

passé

que j'	aie	crû
que tu	aies	crû
qu' il	ait	crû
que nous	ayons	crû
que vous	ayez	crû
qu' ils	aient	crû

imparfait

que je	crûsse
que tu	crûsses
qu' il	crût
que nous	crûssions
que vous	crûssiez
qu' ils	crûssent

plus-que-parfait

que j'	eusse	crû
que tu	eusses	crû
qu' il	eût	crû
que nous	eussions	crû
que vous	eussiez	crû
qu' ils	eussent	crû

IMPERATIF

croîs
croissons
croissez

PARTICIPE

présent	passé
croissant	crû, crue

cueillir

pflücken

Bis auf *Passé simple* und *Subjonctif imparfait* entsprechen die Endungen der einfachen Zeiten denen der 1. Gruppe.

INDICATIF

présent

je	cueille
tu	cueilles
il	cueille
nous	cueillons
vous	cueillez
ils	cueillent

passé composé

j'	ai	cueilli
tu	as	cueilli
il	a	cueilli
nous	avons	cueilli
vous	avez	cueilli
ils	ont	cueilli

imparfait

je	cueillais
tu	cueillais
il	cueillait
nous	cueillions
vous	cueilliez
ils	cueillaient

plus-que-parfait

j'	avais	cueilli
tu	avais	cueilli
il	avait	cueilli
nous	avions	cueilli
vous	aviez	cueilli
ils	avaient	cueilli

passé simple

je	cueillis
tu	cueillis
il	cueillit
nous	cueillîmes
vous	cueillîtes
ils	cueillirent

passé antérieur

j'	eus	cueilli
tu	eus	cueilli
il	eut	cueilli
nous	eûmes	cueilli
vous	eûtes	cueilli
ils	eurent	cueilli

futur simple

je	cueillerai
tu	cueilleras
il	cueillera
nous	cueillerons
vous	cueillerez
ils	cueilleront

futur antérieur

j'	aurai	cueilli
tu	auras	cueilli
il	aura	cueilli
nous	aurons	cueilli
vous	aurez	cueilli
ils	auront	cueilli

CONDITIONNEL

présent

je	cueillerais
tu	cueillerais
il	cueillerait
nous	cueillerions
vous	cueilleriez
ils	cueilleraient

passé

j'	aurais	cueilli
tu	aurais	cueilli
il	aurait	cueilli
nous	aurions	cueilli
vous	auriez	cueilli
ils	auraient	cueilli

SUBJONCTIF

présent

que je	cueille
que tu	cueilles
qu' il	cueille
que nous	cueillions
que vous	cueilliez
qu' ils	cueillent

passé

que j'	aie	cueilli
que tu	aies	cueilli
qu' il	ait	cueilli
que nous	ayons	cueilli
que vous	ayez	cueilli
qu' ils	aient	cueilli

imparfait

que je	cueillisse
que tu	cueillisses
qu' il	cueillît
que nous	cueillissions
que vous	cueillissiez
qu' ils	cueillissent

plus-que-parfait

que j'	eusse	cueilli
que tu	eusses	cueilli
qu' il	eût	cueilli
que nous	eussions	cueilli
que vous	eussiez	cueilli
qu' ils	eussent	cueilli

IMPERATIF

cueille
cueillons
cueillez

PARTICIPE

présent	passé
cueillant	cueilli(e)

devoir
müssen

INDICATIF

présent		passé composé		
je	dois	j'	ai	dû
tu	dois	tu	as	dû
il	doit	il	a	dû
nous	devons	nous	avons	dû
vous	devez	vous	avez	dû
ils	doivent	ils	ont	dû

imparfait		plus-que-parfait		
je	devais	j'	avais	dû
tu	devais	tu	avais	dû
il	devait	il	avait	dû
nous	devions	nous	avions	dû
vous	deviez	vous	aviez	dû
ils	devaient	ils	avaient	dû

passé simple		passé antérieur		
je	dus	j'	eus	dû
tu	dus	tu	eus	dû
il	dut	il	eut	dû
nous	dûmes	nous	eûmes	dû
vous	dûtes	vous	eûtes	dû
ils	durent	ils	eurent	dû

futur simple		futur antérieur		
je	devrai	j'	aurai	dû
tu	devras	tu	auras	dû
il	devra	il	aura	dû
nous	devrons	nous	aurons	dû
vous	devrez	vous	aurez	dû
ils	devront	ils	auront	dû

CONDITIONNEL

présent		passé		
je	devrais	j'	aurais	dû
tu	devrais	tu	aurais	dû
il	devrait	il	aurait	dû
nous	devrions	nous	aurions	dû
vous	devriez	vous	auriez	dû
ils	devraient	ils	auraient	dû

SUBJONCTIF

présent		
que	je	doive
que	tu	doives
qu'	il	doive
que	nous	devions
que	vous	deviez
qu'	ils	doivent

passé			
que	j'	aie	dû
que	tu	aies	dû
qu'	il	ait	dû
que	nous	ayons	dû
que	vous	ayez	dû
qu'	ils	aient	dû

imparfait		
que	je	dusse
que	tu	dusses
qu'	il	dût
que	nous	dussions
que	vous	dussiez
qu'	ils	dussent

plus-que-parfait			
que	j'	eusse	dû
que	tu	eusses	dû
qu'	il	eût	dû
que	nous	eussions	dû
que	vous	eussiez	dû
qu'	ils	eussent	dû

IMPERATIF

dois
devons
devez

PARTICIPE

présent	passé
devant	dû, due, du(e)s

dire
sagen

INDICATIF

présent

je	dis
tu	dis
il	dit
nous	disons
vous	dites
ils	disent

passé composé

j'	ai	dit
tu	as	dit
il	a	dit
nous	avons	dit
vous	avez	dit
ils	ont	dit

imparfait

je	disais
tu	disais
il	disait
nous	disions
vous	disiez
ils	disaient

plus-que-parfait

j'	avais	dit
tu	avais	dit
il	avait	dit
nous	avions	dit
vous	aviez	dit
ils	avaient	dit

passé simple

je	dis
tu	dis
il	dit
nous	dîmes
vous	dîtes
ils	dirent

passé antérieur

j'	eus	dit
tu	eus	dit
il	eut	dit
nous	eûmes	dit
vous	eûtes	dit
ils	eurent	dit

futur simple

je	dirai
tu	diras
il	dira
nous	dirons
vous	direz
ils	diront

futur antérieur

j'	aurai	dit
tu	auras	dit
il	aura	dit
nous	aurons	dit
vous	aurez	dit
ils	auront	dit

CONDITIONNEL

présent

je	dirais
tu	dirais
il	dirait
nous	dirions
vous	diriez
ils	diraient

passé

j'	aurais	dit
tu	aurais	dit
il	aurait	dit
nous	aurions	dit
vous	auriez	dit
ils	auraient	dit

SUBJONCTIF

présent

que je	dise
que tu	dises
qu' il	dise
que nous	disions
que vous	disiez
qu' ils	disent

passé

que j'	aie	dit
que tu	aies	dit
qu' il	ait	dit
que nous	ayons	dit
que vous	ayez	dit
qu' ils	aient	dit

imparfait

que je	disse
que tu	disses
qu' il	dît
que nous	dissions
que vous	dissiez
qu' ils	dissent

plus-que-parfait

que j'	eusse	dit
que tu	eusses	dit
qu' il	eût	dit
que nous	eussions	dit
que vous	eussiez	dit
qu' ils	eussent	dit

IMPERATIF

dis
disons
dites

PARTICIPE

présent	passé
disant	dit(e)

dormir

schlafen

Verliert im Singular des *Indicatif présent* den Endkonsonanten des Stamms (hier: **-m-**).

INDICATIF

présent

je	dors
tu	dors
il	dort
nous	dormons
vous	dormez
ils	dorment

passé composé

j'	ai	dormi
tu	as	dormi
il	a	dormi
nous	avons	dormi
vous	avez	dormi
ils	ont	dormi

imparfait

je	dormais
tu	dormais
il	dormait
nous	dormions
vous	dormiez
ils	dormaient

plus-que-parfait

j'	avais	dormi
tu	avais	dormi
il	avait	dormi
nous	avions	dormi
vous	aviez	dormi
ils	avaient	dormi

passé simple

je	dormis
tu	dormis
il	dormit
nous	dormîmes
vous	dormîtes
ils	dormirent

passé antérieur

j'	eus	dormi
tu	eus	dormi
il	eut	dormi
nous	eûmes	dormi
vous	eûtes	dormi
ils	eurent	dormi

futur simple

je	dormirai
tu	dormiras
il	dormira
nous	dormirons
vous	dormirez
ils	dormiront

futur antérieur

j'	aurai	dormi
tu	auras	dormi
il	aura	dormi
nous	aurons	dormi
vous	aurez	dormi
ils	auront	dormi

CONDITIONNEL

présent

je	dormirais
tu	dormirais
il	dormirait
nous	dormirions
vous	dormiriez
ils	dormiraient

passé

j'	aurais	dormi
tu	aurais	dormi
il	aurait	dormi
nous	aurions	dormi
vous	auriez	dormi
ils	auraient	dormi

SUBJONCTIF

présent

que je	dorme
que tu	dormes
qu' il	dorme
que nous	dormions
que vous	dormiez
qu' ils	dorment

passé

que j'	aie	dormi
que tu	aies	dormi
qu' il	ait	dormi
que nous	ayons	dormi
que vous	ayez	dormi
qu' ils	aient	dormi

imparfait

que je	dormisse
que tu	dormisses
qu' il	dormît
que nous	dormissions
que vous	dormissiez
qu' ils	dormissent

plus-que-parfait

que j'	eusse	dormi
que tu	eusses	dormi
qu' il	eût	dormi
que nous	eussions	dormi
que vous	eussiez	dormi
qu' ils	eussent	dormi

IMPERATIF

dors
dormons
dormez

PARTICIPE

présent	passé
dormant	dorm *(unveränderlich)*

écrire
schreiben

INDICATIF

présent

j'	écris
tu	écris
il	écrit
nous	écrivons
vous	écrivez
ils	écrivent

passé composé

j'	ai	écrit
tu	as	écrit
il	a	écrit
nous	avons	écrit
vous	avez	écrit
ils	ont	écrit

imparfait

j'	écrivais
tu	écrivais
il	écrivait
nous	écrivions
vous	écriviez
ils	écrivaient

plus-que-parfait

j'	avais	écrit
tu	avais	écrit
il	avait	écrit
nous	avions	écrit
vous	aviez	écrit
ils	avaient	écrit

passé simple

j'	écrivis
tu	écrivis
il	écrivit
nous	écrivîmes
vous	écrivîtes
ils	écrivirent

passé antérieur

j'	eus	écrit
tu	eus	écrit
il	eut	écrit
nous	eûmes	écrit
vous	eûtes	écrit
ils	eurent	écrit

futur simple

j'	écrirai
tu	écriras
il	écrira
nous	écrirons
vous	écrirez
ils	écriront

futur antérieur

j'	aurai	écrit
tu	auras	écrit
il	aura	écrit
nous	aurons	écrit
vous	aurez	écrit
ils	auront	écrit

CONDITIONNEL

présent

j'	écrirais
tu	écrirais
il	écrirait
nous	écririons
vous	écririez
ils	écriraient

passé

j'	aurais	écrit
tu	aurais	écrit
il	aurait	écrit
nous	aurions	écrit
vous	auriez	écrit
ils	auraient	écrit

SUBJONCTIF

présent

que j'	écrive
que tu	écrives
qu' il	écrive
que nous	écrivions
que vous	écriviez
qu' ils	écrivent

passé

que j'	aie	écrit
que tu	aies	écrit
qu' il	ait	écrit
que nous	ayons	écrit
que vous	ayez	écrit
qu' ils	aient	écrit

imparfait

que j'	écrivisse
que tu	écrivisses
qu' il	écrivît
que nous	écrivissions
que vous	écrivissiez
qu' ils	écrivissent

plus-que-parfait

que j'	eusse	écrit
que tu	eusses	écrit
qu' il	eût	écrit
que nous	eussions	écrit
que vous	eussiez	écrit
qu' ils	eussent	écrit

IMPERATIF

écris
écrivons
écrivez

PARTICIPE

présent	passé
écrivant	écrit(e)

exclure

ausschließen

INDICATIF

présent

j'	exclus
tu	exclus
il	exclut
nous	excluons
vous	excluez
ils	excluent

passé composé

j'	ai	exclu
tu	as	exclu
il	a	exclu
nous	avons	exclu
vous	avez	exclu
ils	ont	exclu

imparfait

j'	excluais
tu	excluais
il	excluait
nous	excluions
vous	excluiez
ils	excluaient

plus-que-parfait

j'	avais	exclu
tu	avais	exclu
il	avait	exclu
nous	avions	exclu
vous	aviez	exclu
ils	avaient	exclu

passé simple

j'	exclus
tu	exclus
il	exclut
nous	exclûmes
vous	exclûtes
ils	exclurent

passé antérieur

j'	eus	exclu
tu	eus	exclu
il	eut	exclu
nous	eûmes	exclu
vous	eûtes	exclu
ils	eurent	exclu

futur simple

j'	exclurai
tu	excluras
il	exclura
nous	exclurons
vous	exclurez
ils	excluront

futur antérieur

j'	aurai	exclu
tu	auras	exclu
il	aura	exclu
nous	aurons	exclu
vous	aurez	exclu
ils	auront	exclu

CONDITIONNEL

présent

j'	exclurais
tu	exclurais
il	exclurait
nous	exclurions
vous	excluriez
ils	excluraient

passé

j'	aurais	exclu
tu	aurais	exclu
il	aurait	exclu
nous	aurions	exclu
vous	auriez	exclu
ils	auraient	exclu

SUBJONCTIF

présent

que j'	exclue
que tu	exclues
qu' il	exclue
que nous	excluions
que vous	excluiez
qu' ils	excluent

passé

que j'	aie	exclu
que tu	aies	exclu
qu' il	ait	exclu
que nous	ayons	exclu
que vous	ayez	exclu
qu' ils	aient	exclu

imparfait

que j'	exclusse
que tu	exclusses
qu' il	exclût
que nous	exclussions
que vous	exclussiez
qu' ils	exclussent

plus-que-parfait

que j'	eusse	exclu
que tu	eusses	exclu
qu' il	eût	exclu
que nous	eussions	exclu
que vous	eussiez	exclu
qu' ils	eussent	exclu

IMPERATIF

exclus
excluons
excluez

PARTICIPE

présent	**passé**
excluant	exclu(e)

faire

tun, machen

INDICATIF

présent

je	fais
tu	fais
il	fait
nous	faisons
vous	faites
ils	font

passé composé

j'	ai	fait
tu	as	fait
il	a	fait
nous	avons	fait
vous	avez	fait
ils	ont	fait

imparfait

je	faisais
tu	faisais
il	faisait
nous	faisions
vous	faisiez
ils	faisaient

plus-que-parfait

j'	avais	fait
tu	avais	fait
il	avait	fait
nous	avions	fait
vous	aviez	fait
ils	avaient	fait

passé simple

je	fis
tu	fis
il	fit
nous	fîmes
vous	fîtes
ils	firent

passé antérieur

j'	eus	fait
tu	eus	fait
il	eut	fait
nous	eûmes	fait
vous	eûtes	fait
ils	eurent	fait

futur simple

je	ferai
tu	feras
il	fera
nous	ferons
vous	ferez
ils	feront

futur antérieur

j'	aurai	fait
tu	auras	fait
il	aura	fait
nous	aurons	fait
vous	aurez	fait
ils	auront	fait

CONDITIONNEL

présent

je	ferais
tu	ferais
il	ferait
nous	ferions
vous	feriez
ils	feraient

passé

j'	aurais	fait
tu	aurais	fait
il	aurait	fait
nous	aurions	fait
vous	auriez	fait
ils	auraient	fait

SUBJONCTIF

présent

que je	fasse
que tu	fasses
qu' il	fasse
que nous	fassions
que vous	fassiez
qu' ils	fassent

passé

que j'	aie	fait
que tu	aies	fait
qu' il	ait	fait
que nous	ayons	fait
que vous	ayez	fait
qu' ils	aient	fait

imparfait

que je	fisse
que tu	fisses
qu' il	fît
que nous	fissions
que vous	fissiez
qu' ils	fissent

plus-que-parfait

que j'	eusse	fait
que tu	eusses	fait
qu' il	eût	fait
que nous	eussions	fait
que vous	eussiez	fait
qu' ils	eussent	fait

IMPERATIF

fais
faisons
faites

PARTICIPE

présent	**passé**
faisant	fait(e)

falloir
nötig sein

Unpersönliches Verb

INDICATIF

présent	passé composé
—	—
—	—
il faut	il a fallu
—	—
—	—
—	—

imparfait	plus-que-parfait
—	—
—	—
il fallait	il avait fallu
—	—
—	—
—	—

passé simple	passé antérieur
—	—
—	—
il fallut	il eut fallu
—	—
—	—
—	—

futur simple	futur antérieur
—	—
—	—
il faudra	il aura fallu
—	—
—	—
—	—

SUBJONCTIF

présent	passé
—	—
—	—
qu' il faille	qu' il ait fallu
—	—
—	—
—	—

imparfait	plus-que-parfait
—	—
—	—
qu' il fallût	qu' il eût fallu
—	—
—	—
—	—

CONDITIONNEL

présent	passé
—	—
—	—
il faudrait	il aurait fallu
—	—
—	—
—	—

IMPERATIF

—
—
—

PARTICIPE

présent	passé
—	fallu *(unveränderlich)*

fuir
fliehen

-i- → **-y-** bei endungsbetonten Formen.

INDICATIF

présent		passé composé		
je	fuis	j'	ai	fui
tu	fuis	tu	as	fui
il	fuit	il	a	fui
nous	fuyons	nous	avons	fui
vous	fuyez	vous	avez	fui
ils	fuient	ils	ont	fui

imparfait		plus-que-parfait		
je	fuyais	j'	avais	fui
tu	fuyais	tu	avais	fui
il	fuyait	il	avait	fui
nous	fuyions	nous	avions	fui
vous	fuyiez	vous	aviez	fui
ils	fuyaient	ils	avaient	fui

passé simple		passé antérieur		
je	fuis	j'	eus	fui
tu	fuis	tu	eus	fui
il	fuit	il	eut	fui
nous	fuîmes	nous	eûmes	fui
vous	fuîtes	vous	eûtes	fui
ils	fuirent	ils	eurent	fui

futur simple		futur antérieur		
je	fuirai	j'	aurai	fui
tu	fuiras	tu	auras	fui
il	fuira	il	aura	fui
nous	fuirons	nous	aurons	fui
vous	fuirez	vous	aurez	fui
ils	fuiront	ils	auront	fui

CONDITIONNEL

présent		passé		
je	fuirais	j'	aurais	fui
tu	fuirais	tu	aurais	fui
il	fuirait	il	aurait	fui
nous	fuirions	nous	aurions	fui
vous	fuiriez	vous	auriez	fui
ils	fuiraient	ils	auraient	fui

SUBJONCTIF

présent	
que je	fuie
que tu	fuies
qu' il	fuie
que nous	fuyions
que vous	fuyiez
qu' ils	fuient

passé		
que j'	aie	fui
que tu	aies	fui
qu' il	ait	fui
que nous	ayons	fui
que vous	ayez	fui
qu' ils	aient	fui

imparfait	
que je	fuisse
que tu	fuisses
qu' il	fuît
que nous	fuissions
que vous	fuissiez
qu' ils	fuissent

plus-que-parfait		
que j'	eusse	fui
que tu	eusses	fui
qu' il	eût	fui
que nous	eussions	fui
que vous	eussiez	fui
qu' ils	eussent	fui

IMPERATIF

fuis
fuyons
fuyez

PARTICIPE

présent	passé
fuyant	fui(e)

haïr

hassen

Verliert das Trema nur in den Singularformen des *Indicatif présent* und des *Impératif*
Sonst wie *finir* (Nr. 16)

INDICATIF

présent		passé composé		
je	hais	j'	ai	haï
tu	hais	tu	as	haï
il	hait	il	a	haï
nous	haïssons	nous	avons	haï
vous	haïssez	vous	avez	haï
ils	haïssent	ils	ont	haï

imparfait		plus-que-parfait		
je	haïssais	j'	avais	haï
tu	haïssais	tu	avais	haï
il	haïssait	il	avait	haï
nous	haïssions	nous	avions	haï
vous	haïssiez	vous	aviez	haï
ils	haïssaient	ils	avaient	haï

passé simple		passé antérieur		
je	haïs	j'	eus	haï
tu	haïs	tu	eus	haï
il	haït	il	eut	haï
nous	haïmes	nous	eûmes	haï
vous	haïtes	vous	eûtes	haï
ils	haïrent	ils	eurent	haï

futur simple		futur antérieur		
je	haïrai	j'	aurai	haï
tu	haïras	tu	auras	haï
il	haïra	il	aura	haï
nous	haïrons	nous	aurons	haï
vous	haïrez	vous	aurez	haï
ils	haïront	ils	auront	haï

CONDITIONNEL

présent		passé		
je	haïrais	j'	aurais	haï
tu	haïrais	tu	aurais	haï
il	haïrait	il	aurait	haï
nous	haïrions	nous	aurions	haï
vous	haïriez	vous	auriez	haï
ils	haïraient	ils	auraient	haï

SUBJONCTIF

présent	
que je	haïsse
que tu	haïsses
qu' il	haïsse
que nous	haïssions
que vous	haïssiez
qu' ils	haïssent

passé		
que j'	aie	haï
que tu	aies	haï
qu' il	ait	haï
que nous	ayons	haï
que vous	ayez	haï
qu' ils	aient	haï

imparfait	
que je	haïsse
que tu	haïsses
qu' il	haït
que nous	haïssions
que vous	haïssiez
qu' ils	haïssent

plus-que-parfait		
que j'	eusse	haï
que tu	eusses	haï
qu' il	eût	haï
que nous	eussions	haï
que vous	eussiez	haï
qu' ils	eussent	haï

IMPERATIF

hais
haïssons
haïssez

PARTICIPE

présent	passé
haïssant	haï(e)

joindre
verbinden

INDICATIF

présent

je	joins
tu	joins
il	joint
nous	joignons
vous	joignez
ils	joignent

passé composé

j'	ai	joint
tu	as	joint
il	a	joint
nous	avons	joint
vous	avez	joint
ils	ont	joint

imparfait

je	joignais
tu	joignais
il	joignait
nous	joignions
vous	joigniez
ils	joignaient

plus-que-parfait

j'	avais	joint
tu	avais	joint
il	avait	joint
nous	avions	joint
vous	aviez	joint
ils	avaient	joint

passé simple

je	joignis
tu	joignis
il	joignit
nous	joignîmes
vous	joignîtes
ils	joignirent

passé antérieur

j'	eus	joint
tu	eus	joint
il	eut	joint
nous	eûmes	joint
vous	eûtes	joint
ils	eurent	joint

futur simple

je	joindrai
tu	joindras
il	joindra
nous	joindrons
vous	joindrez
ils	joindront

futur antérieur

j'	aurai	joint
tu	auras	joint
il	aura	joint
nous	aurons	joint
vous	aurez	joint
ils	auront	joint

CONDITIONNEL

présent

je	joindrais
tu	joindrais
il	joindrait
nous	joindrions
vous	joindriez
ils	joindraient

passé

j'	aurais	joint
tu	aurais	joint
il	aurait	joint
nous	aurions	joint
vous	auriez	joint
ils	auraient	joint

SUBJONCTIF

présent

que je	joigne
que tu	joignes
qu' il	joigne
que nous	joignions
que vous	joigniez
qu' ils	joignent

passé

que j'	aie	joint
que tu	aies	joint
qu' il	ait	joint
que nous	ayons	joint
que vous	ayez	joint
qu' ils	aient	joint

imparfait

que je	joignisse
que tu	joignisses
qu' il	joignît
que nous	joignissions
que vous	joignissiez
qu' ils	joignissent

plus-que-parfait

que j'	eusse	joint
que tu	eusses	joint
qu' il	eût	joint
que nous	eussions	joint
que vous	eussiez	joint
qu' ils	eussent	joint

IMPERATIF

joins
joignons
joignez

PARTICIPE

présent	passé
joignant	joint(e)

lire
lesen

INDICATIF

présent		passé composé		
je	lis	j'	ai	lu
tu	lis	tu	as	lu
il	lit	il	a	lu
nous	lisons	nous	avons	lu
vous	lisez	vous	avez	lu
ils	lisent	ils	ont	lu

imparfait		plus-que-parfait		
je	lisais	j'	avais	lu
tu	lisais	tu	avais	lu
il	lisait	il	avait	lu
nous	lisions	nous	avions	lu
vous	lisiez	vous	aviez	lu
ils	lisaient	ils	avaient	lu

passé simple		passé antérieur		
je	lus	j'	eus	lu
tu	lus	tu	eus	lu
il	lut	il	eut	lu
nous	lûmes	nous	eûmes	lu
vous	lûtes	vous	eûtes	lu
ils	lurent	ils	eurent	lu

futur simple		futur antérieur		
je	lirai	j'	aurai	lu
tu	liras	tu	auras	lu
il	lira	il	aura	lu
nous	lirons	nous	aurons	lu
vous	lirez	vous	aurez	lu
ils	liront	ils	auront	lu

CONDITIONNEL

présent		passé		
je	lirais	j'	aurais	lu
tu	lirais	tu	aurais	lu
il	lirait	il	aurait	lu
nous	lirions	nous	aurions	lu
vous	liriez	vous	auriez	lu
ils	liraient	ils	auraient	lu

SUBJONCTIF

présent	
que je	lise
que tu	lises
qu' il	lise
que nous	lisions
que vous	lisiez
qu' ils	lisent

passé		
que j'	aie	lu
que tu	aies	lu
qu' il	ait	lu
que nous	ayons	lu
que vous	ayez	lu
qu' ils	aient	lu

imparfait	
que je	lusse
que tu	lusses
qu' il	lût
que nous	lussions
que vous	lussiez
qu' ils	lussent

plus-que-parfait		
que j'	eusse	lu
que tu	eusses	lu
qu' il	eût	lu
que nous	eussions	lu
que vous	eussiez	lu
qu' ils	eussent	lu

IMPERATIF

lis
lisons
lisez

PARTICIPE

présent	passé
lisant	lu(e)

mettre
stellen, legen

Vor Vokal und vor **-r-** wird **-tt-** beibehalten.

INDICATIF

présent

je	mets
tu	mets
il	met
nous	mettons
vous	mettez
ils	mettent

passé composé

j'	ai	mis
tu	as	mis
il	a	mis
nous	avons	mis
vous	avez	mis
ils	ont	mis

imparfait

je	mettais
tu	mettais
il	mettait
nous	mettions
vous	mettiez
ils	mettaient

plus-que-parfait

j'	avais	mis
tu	avais	mis
il	avait	mis
nous	avions	mis
vous	aviez	mis
ils	avaient	mis

passé simple

je	mis
tu	mis
il	mit
nous	mîmes
vous	mîtes
ils	mirent

passé antérieur

j'	eus	mis
tu	eus	mis
il	eut	mis
nous	eûmes	mis
vous	eûtes	mis
ils	eurent	mis

futur simple

je	mettrai
tu	mettras
il	mettra
nous	mettrons
vous	mettrez
ils	mettront

futur antérieur

j'	aurai	mis
tu	auras	mis
il	aura	mis
nous	aurons	mis
vous	aurez	mis
ils	auront	mis

CONDITIONNEL

présent

je	mettrais
tu	mettrais
il	mettrait
nous	mettrions
vous	mettriez
ils	mettraient

passé

j'	aurais	mis
tu	aurais	mis
il	aurait	mis
nous	aurions	mis
vous	auriez	mis
ils	auraient	mis

SUBJONCTIF

présent

que je	mette
que tu	mettes
qu' il	mette
que nous	mettions
que vous	mettiez
qu' ils	mettent

passé

que j'	aie	mis
que tu	aies	mis
qu' il	ait	mis
que nous	ayons	mis
que vous	ayez	mis
qu' ils	aient	mis

imparfait

que je	misse
que tu	misses
qu' il	mît
que nous	missions
que vous	missiez
qu' ils	missent

plus-que-parfait

que j'	eusse	mis
que tu	eusses	mis
qu' il	eût	mis
que nous	eussions	mis
que vous	eussiez	mis
qu' ils	eussent	mis

IMPERATIF

mets
mettons
mettez

PARTICIPE

présent	passé
mettant	mis(e)

moudre
mahlen

INDICATIF

présent

je	mouds
tu	mouds
il	moud
nous	moulons
vous	moulez
ils	moulent

passé composé

j'	ai	moulu
tu	as	moulu
il	a	moulu
nous	avons	moulu
vous	avez	moulu
ils	ont	moulu

imparfait

je	moulais
tu	moulais
il	moulait
nous	moulions
vous	mouliez
ils	moulaient

plus-que-parfait

j'	avais	moulu
tu	avais	moulu
il	avait	moulu
nous	avions	moulu
vous	aviez	moulu
ils	avaient	moulu

passé simple

je	moulus
tu	moulus
il	moulut
nous	moulûmes
vous	moulûtes
ils	moulurent

passé antérieur

j'	eus	moulu
tu	eus	moulu
il	eut	moulu
nous	eûmes	moulu
vous	eûtes	moulu
ils	eurent	moulu

futur simple

je	moudrai
tu	moudras
il	moudra
nous	moudrons
vous	moudrez
ils	moudront

futur antérieur

j'	aurai	moulu
tu	auras	moulu
il	aura	moulu
nous	aurons	moulu
vous	aurez	moulu
ils	auront	moulu

CONDITIONNEL

présent

je	moudrais
tu	moudrais
il	moudrait
nous	moudrions
vous	moudriez
ils	moudraient

passé

j'	aurais	moulu
tu	aurais	moulu
il	aurait	moulu
nous	aurions	moulu
vous	auriez	moulu
ils	auraient	moulu

SUBJONCTIF

présent

que je	moule
que tu	moules
qu' il	moule
que nous	moulions
que vous	mouliez
qu' ils	moulent

passé

que j'	aie	moulu
que tu	aies	moulu
qu' il	ait	moulu
que nous	ayons	moulu
que vous	ayez	moulu
qu' ils	aient	moulu

imparfait

que je	moulusse
que tu	moulusses
qu' il	moulût
que nous	moulussions
que vous	moulussiez
qu' ils	moulussent

plus-que-parfait

que j'	eusse	moulu
que tu	eusses	moulu
qu' il	eût	moulu
que nous	eussions	moulu
que vous	eussiez	moulu
qu' ils	eussent	moulu

IMPERATIF

mouds
moulons
moulez

PARTICIPE

présent	passé
moulant	moulu(e)

mourir

sterben

INDICATIF

présent

je	meurs
tu	meurs
il	meurt
nous	mourons
vous	mourez
ils	meurent

passé composé

je	suis	mort
tu	es	mort
il	est	mort
nous	sommes	morts
vous	êtes	morts
ils	sont	morts

imparfait

je	mourais
tu	mourais
il	mourait
nous	mourions
vous	mouriez
ils	mouraient

plus-que-parfait

j'	étais	mort
tu	étais	mort
il	était	mort
nous	étions	morts
vous	étiez	morts
ils	étaient	morts

passé simple

je	mourus
tu	mourus
il	mourut
nous	mourûmes
vous	mourûtes
ils	moururent

passé antérieur

je	fus	mort
tu	fus	mort
il	fut	mort
nous	fûmes	morts
vous	fûtes	morts
ils	furent	morts

futur simple

je	mourrai
tu	mourras
il	mourra
nous	mourrons
vous	mourrez
ils	mourront

futur antérieur

je	serai	mort
tu	seras	mort
il	sera	mort
nous	serons	morts
vous	serez	morts
ils	seront	morts

CONDITIONNEL

présent

je	mourrais
tu	mourrais
il	mourrait
nous	mourrions
vous	mourriez
ils	mourraient

passé

je	serais	mort
tu	serais	mort
il	serait	mort
nous	serions	morts
vous	seriez	morts
ils	seraient	morts

SUBJONCTIF

présent

que je	meure
que tu	meures
qu' il	meure
que nous	mourions
que vous	mouriez
qu' ils	meurent

passé

que je	sois	mort
que tu	sois	mort
qu' il	soit	mort
que nous	soyons	morts
que vous	soyez	morts
qu' ils	soient	morts

imparfait

que je	mourusse
que tu	mourusses
qu' il	mourût
que nous	mourussions
que vous	mourussiez
qu' ils	mourussent

plus-que-parfait

que je	fusse	mort
que tu	fusses	mort
qu' il	fût	mort
que nous	fussions	morts
que vous	fussiez	morts
qu' ils	fussent	morts

IMPERATIF

meurs
mourons
mourez

PARTICIPE

présent	passé
mourant	mort(e)

mouvoir
bewegen

INDICATIF

présent

je	meus
tu	meus
il	meut
nous	mouvons
vous	mouvez
ils	meuvent

passé composé

j'	ai	mû
tu	as	mû
il	a	mû
nous	avons	mû
vous	avez	mû
ils	ont	mû

imparfait

je	mouvais
tu	mouvais
il	mouvait
nous	mouvions
vous	mouviez
ils	mouvaient

plus-que-parfait

j'	avais	mû
tu	avais	mû
il	avait	mû
nous	avions	mû
vous	aviez	mû
ils	avaient	mû

passé simple

je	mus
tu	mus
il	mut
nous	mûmes
vous	mûtes
ils	murent

passé antérieur

j'	eus	mû
tu	eus	mû
il	eut	mû
nous	eûmes	mû
vous	eûtes	mû
ils	eurent	mû

futur simple

je	mouvrai
tu	mouvras
il	mouvra
nous	mouvrons
vous	mouvrez
ils	mouvront

futur antérieur

j'	aurai	mû
tu	auras	mû
il	aura	mû
nous	aurons	mû
vous	aurez	mû
ils	auront	mû

CONDITIONNEL

présent

je	mouvrais
tu	mouvrais
il	mouvrait
nous	mouvrions
vous	mouvriez
ils	mouvraient

passé

j'	aurais	mû
tu	aurais	mû
il	aurait	mû
nous	aurions	mû
vous	auriez	mû
ils	auraient	mû

SUBJONCTIF

présent

que je	meuve
que tu	meuves
qu' il	meuve
que nous	mouvions
que vous	mouviez
qu' ils	meuvent

passé

que j'	aie	mû
que tu	aies	mû
qu' il	ait	mû
que nous	ayons	mû
que vous	ayez	mû
qu' ils	aient	mû

imparfait

que je	musse
que tu	musses
qu' il	mût
que nous	mussions
que vous	mussiez
qu' ils	mussent

plus-que-parfait

que j'	eusse	mû
que tu	eusses	mû
qu' il	eût	mû
que nous	eussions	mû
que vous	eussiez	mû
qu' ils	eussent	mû

IMPERATIF

meus
mouvons
mouvez

PARTICIPE

présent	passé
mouvant	mû (mue)

naître

geboren werden

INDICATIF

présent

je	nais
tu	nais
il	naît
nous	naissons
vous	naissez
ils	naissent

passé composé

je	suis	né
tu	es	né
il	est	né
nous	sommes	nés
vous	êtes	nés
ils	sont	nés

imparfait

je	naissais
tu	naissais
il	naissait
nous	naissions
vous	naissiez
ils	naissaient

plus-que-parfait

j'	étais	né
tu	étais	né
il	était	né
nous	étions	nés
vous	étiez	nés
ils	étaient	nés

passé simple

je	naquis
tu	naquis
il	naquit
nous	naquîmes
vous	naquîtes
ils	naquirent

passé antérieur

je	fus	né
tu	fus	né
il	fut	né
nous	fûmes	nés
vous	fûtes	nés
ils	furent	nés

futur simple

je	naîtrai
tu	naîtras
il	naîtra
nous	naîtrons
vous	naîtrez
ils	naîtront

futur antérieur

je	serai	né
tu	seras	né
il	sera	né
nous	serons	nés
vous	serez	nés
ils	seront	nés

CONDITIONNEL

présent

je	naîtrais
tu	naîtrais
il	naîtrait
nous	naîtrions
vous	naîtriez
ils	naîtraient

passé

je	serais	né
tu	serais	né
il	serait	né
nous	serions	nés
vous	seriez	nés
ils	seraient	nés

SUBJONCTIF

présent

que je	naisse
que tu	naisses
qu' il	naisse
que nous	naissions
que vous	naissiez
qu' ils	naissent

passé

que je	sois	né
que tu	sois	né
qu' il	soit	né
que nous	soyons	nés
que vous	soyez	nés
qu' ils	soient	nés

imparfait

que je	naquisse
que tu	naquisses
qu' il	naquît
que nous	naquissions
que vous	naquissiez
qu' ils	naquissent

plus-que-parfait

que je	fusse	né
que tu	fusses	né
qu' il	fût	né
que nous	fussions	nés
que vous	fussiez	nés
qu' ils	fussent	nés

IMPERATIF

nais
naissons
naissez

PARTICIPE

présent	passé
naissant	né(e)

partir

weggehen, wegfahren

Verliert im Singular des *Indicatif présent* den Endkonsonanten des Stamms (hier: **-t-**).

INDICATIF

présent

je	pars
tu	pars
il	part
nous	partons
vous	partez
ils	partent

passé composé

je	suis	parti
tu	es	parti
il	est	parti
nous	sommes	partis
vous	êtes	partis
ils	sont	partis

imparfait

je	partais
tu	partais
il	partait
nous	partions
vous	partiez
ils	partaient

plus-que-parfait

j'	étais	parti
tu	étais	parti
il	était	parti
nous	étions	partis
vous	étiez	partis
ils	étaient	partis

passé simple

je	partis
tu	partis
il	partit
nous	partîmes
vous	partîtes
ils	partirent

passé antérieur

je	fus	parti
tu	fus	parti
il	fut	parti
nous	fûmes	partis
vous	fûtes	partis
ils	furent	partis

futur simple

je	partirai
tu	partiras
il	partira
nous	partirons
vous	partirez
ils	partiront

futur antérieur

je	serai	parti
tu	seras	parti
il	sera	parti
nous	serons	partis
vous	serez	partis
ils	seront	partis

CONDITIONNEL

présent

je	partirais
tu	partirais
il	partirait
nous	partirions
vous	partiriez
ils	partiraient

passé

je	serais	parti
tu	serais	parti
il	serait	parti
nous	serions	partis
vous	seriez	partis
ils	seraient	partis

SUBJONCTIF

présent

que je	parte
que tu	partes
qu' il	parte
que nous	partions
que vous	partiez
qu' ils	partent

passé

que je	sois	parti
que tu	sois	parti
qu' il	soit	parti
que nous	soyons	partis
que vous	soyez	partis
qu' ils	soient	partis

imparfait

que je	partisse
que tu	partisses
qu' il	partît
que nous	partissions
que vous	partissiez
qu' ils	partissent

plus-que-parfait

que je	fusse	parti
que tu	fusses	parti
qu' il	fût	parti
que nous	fussions	partis
que vous	fussiez	partis
qu' ils	fussent	partis

IMPERATIF

pars
partons
partez

PARTICIPE

présent	passé
partant	parti(e)

peindre

malen

INDICATIF

présent

je	peins
tu	peins
il	peint
nous	peignons
vous	peignez
ils	peignent

passé composé

j'	ai	peint
tu	as	peint
il	a	peint
nous	avons	peint
vous	avez	peint
ils	ont	peint

imparfait

je	peignais
tu	peignais
il	peignait
nous	peignions
vous	peigniez
ils	peignaient

plus-que-parfait

j'	avais	peint
tu	avais	peint
il	avait	peint
nous	avions	peint
vous	aviez	peint
ils	avaient	peint

passé simple

je	peignis
tu	peignis
il	peignit
nous	peignîmes
vous	peignîtes
ils	peignirent

passé antérieur

j'	eus	peint
tu	eus	peint
il	eut	peint
nous	eûmes	peint
vous	eûtes	peint
ils	eurent	peint

futur simple

je	peindrai
tu	peindras
il	peindra
nous	peindrons
vous	peindrez
ils	peindront

futur antérieur

j'	aurai	peint
tu	auras	peint
il	aura	peint
nous	aurons	peint
vous	aurez	peint
ils	auront	peint

CONDITIONNEL

présent

je	peindrais
tu	peindrais
il	peindrait
nous	peindrions
vous	peindriez
ils	peindraient

passé

j'	aurais	peint
tu	aurais	peint
il	aurait	peint
nous	aurions	peint
vous	auriez	peint
ils	auraient	peint

SUBJONCTIF

présent

que je	peigne
que tu	peignes
qu' il	peigne
que nous	peignions
que vous	peigniez
qu' ils	peignent

passé

que j'	aie	peint
que tu	aies	peint
qu' il	ait	peint
que nous	ayons	peint
que vous	ayez	peint
qu' ils	aient	peint

imparfait

que je	peignisse
que tu	peignisses
qu' il	peignît
que nous	peignissions
que vous	peignissiez
qu' ils	peignissent

plus-que-parfait

que j'	eusse	peint
que tu	eusses	peint
qu' il	eût	peint
que nous	eussions	peint
que vous	eussiez	peint
qu' ils	eussent	peint

IMPERATIF

peins
peignons
peignez

PARTICIPE

présent	passé
peignant	peint(e)

plaire
gefallen

INDICATIF

présent
je plais
tu plais
il plaît
nous plaisons
vous plaisez
ils plaisent

passé composé
j' ai plu
tu as plu
il a plu
nous avons plu
vous avez plu
ils ont plu

imparfait
je plaisais
tu plaisais
il plaisait
nous plaisions
vous plaisiez
ils plaisaient

plus-que-parfait
j' avais plu
tu avais plu
il avait plu
nous avions plu
vous aviez plu
ils avaient plu

passé simple
je plus
tu plus
il plut
nous plûmes
vous plûtes
ils plurent

passé antérieur
j' eus plu
tu eus plu
il eut plu
nous eûmes plu
vous eûtes plu
ils eurent plu

futur simple
je plairai
tu plairas
il plaira
nous plairons
vous plairez
ils plairont

futur antérieur
j' aurai plu
tu auras plu
il aura plu
nous aurons plu
vous aurez plu
ils auront plu

CONDITIONNEL

présent
je plairais
tu plairais
il plairait
nous plairions
vous plairiez
ils plairaient

passé
j' aurais plu
tu aurais plu
il aurait plu
nous aurions plu
vous auriez plu
ils auraient plu

SUBJONCTIF

présent
que je plaise
que tu plaises
qu' il plaise
que nous plaisions
que vous plaisiez
qu' ils plaisent

passé
que j' aie plu
que tu aies plu
qu' il ait plu
que nous ayons plu
que vous ayez plu
qu' ils aient plu

imparfait
que je plusse
que tu plusses
qu' il plût
que nous plussions
que vous plussiez
qu' ils plussent

plus-que-parfait
que j' eusse plu
que tu eusses plu
qu' il eût plu
que nous eussions plu
que vous eussiez plu
qu' ils eussent plu

IMPERATIF

plais
plaisons
plaisez

PARTICIPE

présent
plaisant

passé
plu *(unveränderlich)*

pleuvoir
regnen

Unpersönliches Verb

INDICATIF

présent
—
—
il pleut
—
—
—

passé composé
—
—
il a plu
—
—
—

imparfait
—
—
il pleuvait
—
—
—

plus-que-parfait
—
—
il avait plu
—
—
—

passé simple
—
—
il plut
—
—
—

passé antérieur
—
—
il eut plu
—
—
—

futur simple
—
—
il pleuvra
—
—
—

futur antérieur
—
—
il aura plu
—
—
—

SUBJONCTIF

présent
—
—
qu' il pleuve
—
—
—

passé
—
—
qu' il ait plu
—
—
—

imparfait
—
—
qu' il plût
—
—
—

plus-que-parfait
—
—
qu' il eût plu
—
—
—

CONDITIONNEL

présent
—
—
il pleuvrait
—
—
—

passé
—
—
il aurait plu
—
—
—

IMPERATIF

—

PARTICIPE

présent
pleuvant

passé
plu *(unveränderlich)*

pourvoir

für etwas sorgen

Wird bis auf die Formen des *Passé simple* und *Subjonctif imparfait* wie *prévoir* (Nr. 58) konjugiert.

INDICATIF

présent

je	pourvois
tu	pourvois
il	pourvoit
nous	pourvoyons
vous	pourvoyez
ils	pourvoient

passé composé

j'	ai	pourvu
tu	as	pourvu
il	a	pourvu
nous	avons	pourvu
vous	avez	pourvu
ils	ont	pourvu

imparfait

je	pourvoyais
tu	pourvoyais
il	pourvoyait
nous	pourvoyions
vous	pourvoyiez
ils	pourvoyaient

plus-que-parfait

j'	avais	pourvu
tu	avais	pourvu
il	avait	pourvu
nous	avions	pourvu
vous	aviez	pourvu
ils	avaient	pourvu

passé simple

je	pourvus
tu	pourvus
il	pourvut
nous	pourvûmes
vous	pourvûtes
ils	pourvurent

passé antérieur

j'	eus	pourvu
tu	eus	pourvu
il	eut	pourvu
nous	eûmes	pourvu
vous	eûtes	pourvu
ils	eurent	pourvu

futur simple

je	pourvoirai
tu	pourvoiras
il	pourvoira
nous	pourvoirons
vous	pourvoirez
ils	pourvoiront

futur antérieur

j'	aurai	pourvu
tu	auras	pourvu
il	aura	pourvu
nous	aurons	pourvu
vous	aurez	pourvu
ils	auront	pourvu

CONDITIONNEL

présent

je	pourvoirais
tu	pourvoirais
il	pourvoirait
nous	pourvoirions
vous	pourvoiriez
ils	pourvoiraient

passé

j'	aurais	pourvu
tu	aurais	pourvu
il	aurait	pourvu
nous	aurions	pourvu
vous	auriez	pourvu
ils	auraient	pourvu

SUBJONCTIF

présent

que je	pourvoie
que tu	pourvoies
qu' il	pourvoie
que nous	pourvoyions
que vous	pourvoyiez
qu' ils	pourvoient

passé

que j'	aie	pourvu
que tu	aies	pourvu
qu' il	ait	pourvu
que nous	ayons	pourvu
que vous	ayez	pourvu
qu' ils	aient	pourvu

imparfait

que je	pourvusse
que tu	pourvusses
qu' il	pourvût
que nous	pourvussions
que vous	pourvussiez
qu' ils	pourvussent

plus-que-parfait

que j'	eusse	pourvu
que tu	eusses	pourvu
qu' il	eût	pourvu
que nous	eussions	pourvu
que vous	eussiez	pourvu
qu' ils	eussent	pourvu

IMPERATIF

pourvois
pourvoyons
pourvoyez

PARTICIPE

présent	passé
pourvoyant	pourvu(e)

pouvoir
können

INDICATIF

présent

je	peux /puis-je ?
tu	peux
il	peut
nous	pouvons
vous	pouvez
ils	peuvent

passé composé

j'	ai	pu
tu	as	pu
il	a	pu
nous	avons	pu
vous	avez	pu
ils	ont	pu

imparfait

je	pouvais
tu	pouvais
il	pouvait
nous	pouvions
vous	pouviez
ils	pouvaient

plus-que-parfait

j'	avais	pu
tu	avais	pu
il	avait	pu
nous	avions	pu
vous	aviez	pu
ils	avaient	pu

passé simple

je	pus
tu	pus
il	put
nous	pûmes
vous	pûtes
ils	purent

passé antérieur

j'	eus	pu
tu	eus	pu
il	eut	pu
nous	eûmes	pu
vous	eûtes	pu
ils	eurent	pu

futur simple

je	pourrai
tu	pourras
il	pourra
nous	pourrons
vous	pourrez
ils	pourront

futur antérieur

j'	aurai	pu
tu	auras	pu
il	aura	pu
nous	aurons	pu
vous	aurez	pu
ils	auront	pu

CONDITIONNEL

présent

je	pourrais
tu	pourrais
il	pourrait
nous	pourrions
vous	pourriez
ils	pourraient

passé

j'	aurais	pu
tu	aurais	pu
il	aurait	pu
nous	aurions	pu
vous	auriez	pu
ils	auraient	pu

SUBJONCTIF

présent

que je	puisse
que tu	puisses
qu' il	puisse
que nous	puissions
que vous	puissiez
qu' ils	puissent

passé

que j'	aie	pu
que tu	aies	pu
qu' il	ait	pu
que nous	ayons	pu
que vous	ayez	pu
qu' ils	aient	pu

imparfait

que je	pusse
que tu	pusses
qu' il	pût
que nous	pussions
que vous	pussiez
qu' ils	pussent

plus-que-parfait

que j'	eusse	pu
que tu	eusses	pu
qu' il	eût	pu
que nous	eussions	pu
que vous	eussiez	pu
qu' ils	eussent	pu

IMPERATIF

—
—
—

PARTICIPE

présent	**passé**
pouvant	pu *(unveränderlich)*

prendre

nehmen

INDICATIF

présent		passé composé			plus-que-parfait			passé antérieur			futur antérieur		

présent
je prends
tu prends
il prend
nous prenons
vous prenez
ils prennent

passé composé
j' ai pris
tu as pris
il a pris
nous avons pris
vous avez pris
ils ont pris

imparfait
je prenais
tu prenais
il prenait
nous prenions
vous preniez
ils prenaient

plus-que-parfait
j' avais pris
tu avais pris
il avait pris
nous avions pris
vous aviez pris
ils avaient pris

passé simple
je pris
tu pris
il prit
nous prîmes
vous prîtes
ils prirent

passé antérieur
j' eus pris
tu eus pris
il eut pris
nous eûmes pris
vous eûtes pris
ils eurent pris

futur simple
je prendrai
tu prendras
il prendra
nous prendrons
vous prendrez
ils prendront

futur antérieur
j' aurai pris
tu auras pris
il aura pris
nous aurons pris
vous aurez pris
ils auront pris

CONDITIONNEL

présent
je prendrais
tu prendrais
il prendrait
nous prendrions
vous prendriez
ils prendraient

passé
j' aurais pris
tu aurais pris
il aurait pris
nous aurions pris
vous auriez pris
ils auraient pris

SUBJONCTIF

présent
que je prenne
que tu prennes
qu' il prenne
que nous prenions
que vous preniez
qu' ils prennent

passé
que j' aie pris
que tu aies pris
qu' il ait pris
que nous ayons pris
que vous ayez pris
qu' ils aient pris

imparfait
que je prisse
que tu prisses
qu' il prît
que nous prissions
que vous prissiez
qu' ils prissent

plus-que-parfait
que j' eusse pris
que tu eusses pris
qu' il eût pris
que nous eussions pris
que vous eussiez pris
qu' ils eussent pris

IMPERATIF

prends
prenons
prenez

PARTICIPE

présent prenant

passé pris(e)

prévoir

vorhersehen

Wird bis auf *Futur simple* und *Conditionnel présent* wie *voir* (Nr. 73) konjugiert.

INDICATIF

présent

je	prévois
tu	prévois
il	prévoit
nous	prévoyons
vous	prévoyez
ils	prévoient

passé composé

j'	ai	prévu
tu	as	prévu
il	a	prévu
nous	avons	prévu
vous	avez	prévu
ils	ont	prévu

imparfait

je	prévoyais
tu	prévoyais
il	prévoyait
nous	prévoyions
vous	prévoyiez
ils	prévoyaient

plus-que-parfait

j'	avais	prévu
tu	avais	prévu
il	avait	prévu
nous	avions	prévu
vous	aviez	prévu
ils	avaient	prévu

passé simple

je	prévis
tu	prévis
il	prévit
nous	prévîmes
vous	prévîtes
ils	prévirent

passé antérieur

j'	eus	prévu
tu	eus	prévu
il	eut	prévu
nous	eûmes	prévu
vous	eûtes	prévu
ils	eurent	prévu

futur simple

je	prévoirai
tu	prévoiras
il	prévoira
nous	prévoirons
vous	prévoirez
ils	prévoiront

futur antérieur

j'	aurai	prévu
tu	auras	prévu
il	aura	prévu
nous	aurons	prévu
vous	aurez	prévu
ils	auront	prévu

CONDITIONNEL

présent

je	prévoirais
tu	prévoirais
il	prévoirait
nous	prévoirions
vous	prévoiriez
ils	prévoiraient

passé

j'	aurais	prévu
tu	aurais	prévu
il	aurait	prévu
nous	aurions	prévu
vous	auriez	prévu
ils	auraient	prévu

SUBJONCTIF

présent

que je	prévoie
que tu	prévoies
qu' il	prévoie
que nous	prévoyions
que vous	prévoyiez
qu' ils	prévoient

passé

que j'	aie	prévu
que tu	aies	prévu
qu' il	ait	prévu
que nous	ayons	prévu
que vous	ayez	prévu
qu' ils	aient	prévu

imparfait

que je	prévisse
que tu	prévisses
qu' il	prévît
que nous	prévissions
que vous	prévissiez
qu' ils	prévissent

plus-que-parfait

que j'	eusse	prévu
que tu	eusses	prévu
qu' il	eût	prévu
que nous	eussions	prévu
que vous	eussiez	prévu
qu' ils	eussent	prévu

IMPERATIF

prévois
prévoyons
prévoyez

PARTICIPE

présent	**passé**
prévoyant	prévu(e)

recevoir
bekommen

-c- → -ç- vor **-o** und **-u**

INDICATIF

présent

je	reçois
tu	reçois
il	reçoit
nous	recevons
vous	recevez
ils	reçoivent

passé composé

j'	ai	reçu
tu	as	reçu
il	a	reçu
nous	avons	reçu
vous	avez	reçu
ils	ont	reçu

imparfait

je	recevais
tu	recevais
il	recevait
nous	recevions
vous	receviez
ils	recevaient

plus-que-parfait

j'	avais	reçu
tu	avais	reçu
il	avait	reçu
nous	avions	reçu
vous	aviez	reçu
ils	avaient	reçu

passé simple

je	reçus
tu	reçus
il	reçut
nous	reçûmes
vous	reçûtes
ils	reçurent

passé antérieur

j'	eus	reçu
tu	eus	reçu
il	eut	reçu
nous	eûmes	reçu
vous	eûtes	reçu
ils	eurent	reçu

futur simple

je	recevrai
tu	recevras
il	recevra
nous	recevrons
vous	recevrez
ils	recevront

futur antérieur

j'	aurai	reçu
tu	auras	reçu
il	aura	reçu
nous	aurons	reçu
vous	aurez	reçu
ils	auront	reçu

CONDITIONNEL

présent

je	recevrais
tu	recevrais
il	recevrait
nous	recevrions
vous	recevriez
ils	recevraient

passé

j'	aurais	reçu
tu	aurais	reçu
il	aurait	reçu
nous	aurions	reçu
vous	auriez	reçu
ils	auraient	reçu

SUBJONCTIF

présent

que je	reçoive
que tu	reçoives
qu' il	reçoive
que nous	recevions
que vous	receviez
qu' ils	reçoivent

passé

que j'	aie	reçu
que tu	aies	reçu
qu' il	ait	reçu
que nous	ayons	reçu
que vous	ayez	reçu
qu' ils	aient	reçu

imparfait

que je	reçusse
que tu	reçusses
qu' il	reçût
que nous	reçussions
que vous	reçussiez
qu' ils	reçussent

plus-que-parfait

que j'	eusse	reçu
que tu	eusses	reçu
qu' il	eût	reçu
que nous	eussions	reçu
que vous	eussiez	reçu
qu' ils	eussent	reçu

IMPERATIF

reçois
recevons
recevez

PARTICIPE

présent	**passé**
recevant	reçu(e)

rendre
zurückgeben

INDICATIF

présent

je	rends
tu	rends
il	rend
nous	rendons
vous	rendez
ils	rendent

passé composé

j'	ai	rendu
tu	as	rendu
il	a	rendu
nous	avons	rendu
vous	avez	rendu
ils	ont	rendu

imparfait

je	rendais
tu	rendais
il	rendait
nous	rendions
vous	rendiez
ils	rendaient

plus-que-parfait

j'	avais	rendu
tu	avais	rendu
il	avait	rendu
nous	avions	rendu
vous	aviez	rendu
ils	avaient	rendu

passé simple

je	rendis
tu	rendis
il	rendit
nous	rendîmes
vous	rendîtes
ils	rendirent

passé antérieur

j'	eus	rendu
tu	eus	rendu
il	eut	rendu
nous	eûmes	rendu
vous	eûtes	rendu
ils	eurent	rendu

futur simple

je	rendrai
tu	rendras
il	rendra
nous	rendrons
vous	rendrez
ils	rendront

futur antérieur

j'	aurai	rendu
tu	auras	rendu
il	aura	rendu
nous	aurons	rendu
vous	aurez	rendu
ils	auront	rendu

CONDITIONNEL

présent

je	rendrais
tu	rendrais
il	rendrait
nous	rendrions
vous	rendriez
ils	rendraient

passé

j'	aurais	rendu
tu	aurais	rendu
il	aurait	rendu
nous	aurions	rendu
vous	auriez	rendu
ils	auraient	rendu

SUBJONCTIF

présent

que je	rende
que tu	rendes
qu' il	rende
que nous	rendions
que vous	rendiez
qu' ils	rendent

passé

que j'	aie	rendu
que tu	aies	rendu
qu' il	ait	rendu
que nous	ayons	rendu
que vous	ayez	rendu
qu' ils	aient	rendu

imparfait

que je	rendisse
que tu	rendisses
qu' il	rendît
que nous	rendissions
que vous	rendissiez
qu' ils	rendissent

plus-que-parfait

que j'	eusse	rendu
que tu	eusses	rendu
qu' il	eût	rendu
que nous	eussions	rendu
que vous	eussiez	rendu
qu' ils	eussent	rendu

IMPERATIF

rends
rendons
rendez

PARTICIPE

présent	passé
rendant	rendu(e)

rire
lachen

INDICATIF

présent		**passé composé**		
je	ris	j'	ai	ri
tu	ris	tu	as	ri
il	rit	il	a	ri
nous	rions	nous	avons	ri
vous	riez	vous	avez	ri
ils	rient	ils	ont	ri

imparfait		**plus-que-parfait**		
je	riais	j'	avais	ri
tu	riais	tu	avais	ri
il	riait	il	avait	ri
nous	riions	nous	avions	ri
vous	riiez	vous	aviez	ri
ils	riaient	ils	avaient	ri

passé simple		**passé antérieur**		
je	ris	j'	eus	ri
tu	ris	tu	eus	ri
il	rit	il	eut	ri
nous	rîmes	nous	eûmes	ri
vous	rîtes	vous	eûtes	ri
ils	rirent	ils	eurent	ri

futur simple		**futur antérieur**		
je	rirai	j'	aurai	ri
tu	riras	tu	auras	ri
il	rira	il	aura	ri
nous	rirons	nous	aurons	ri
vous	rirez	vous	aurez	ri
ils	riront	ils	auront	ri

CONDITIONNEL

présent		**passé**		
je	rirais	j'	aurais	ri
tu	rirais	tu	aurais	ri
il	rirait	il	aurait	ri
nous	ririons	nous	aurions	ri
vous	ririez	vous	auriez	ri
ils	riraient	ils	auraient	ri

SUBJONCTIF

présent		
que	je	rie
que	tu	ries
qu'	il	rie
que	nous	riions
que	vous	riiez
qu'	ils	rient

passé			
que	j'	aie	ri
que	tu	aies	ri
qu'	il	ait	ri
que	nous	ayons	ri
que	vous	ayez	ri
qu'	ils	aient	ri

imparfait		
que	je	risse
que	tu	risses
qu'	il	rît
que	nous	rissions
que	vous	rissiez
qu'	ils	rissent

plus-que-parfait			
que	j'	eusse	ri
que	tu	eusses	ri
qu'	il	eût	ri
que	nous	eussions	ri
que	vous	eussiez	ri
qu'	ils	eussent	ri

IMPERATIF

ris
rions
riez

PARTICIPE

présent	**passé**
riant	ri *(unveränderlich)*

rompre
brechen

Wird bis auf die 3. Person Singular *(il rompt)* wie *rendre* (Nr. 60) konjugiert.

INDICATIF

présent

je	romps
tu	romps
il	rompt
nous	rompons
vous	rompez
ils	rompent

passé composé

j'	ai	rompu
tu	as	rompu
il	a	rompu
nous	avons	rompu
vous	avez	rompu
ils	ont	rompu

imparfait

je	rompais
tu	rompais
il	rompait
nous	rompions
vous	rompiez
ils	rompaient

plus-que-parfait

j'	avais	rompu
tu	avais	rompu
il	avait	rompu
nous	avions	rompu
vous	aviez	rompu
ils	avaient	rompu

passé simple

je	rompis
tu	rompis
il	rompit
nous	rompîmes
vous	rompîtes
ils	rompirent

passé antérieur

j'	eus	rompu
tu	eus	rompu
il	eut	rompu
nous	eûmes	rompu
vous	eûtes	rompu
ils	eurent	rompu

futur simple

je	romprai
tu	rompras
il	rompra
nous	romprons
vous	romprez
ils	rompront

futur antérieur

j'	aurai	rompu
tu	auras	rompu
il	aura	rompu
nous	aurons	rompu
vous	aurez	rompu
ils	auront	rompu

CONDITIONNEL

présent

je	romprais
tu	romprais
il	romprait
nous	romprions
vous	rompriez
ils	rompraient

passé

j'	aurais	rompu
tu	aurais	rompu
il	aurait	rompu
nous	aurions	rompu
vous	auriez	rompu
ils	auraient	rompu

SUBJONCTIF

présent

que je	rompe
que tu	rompes
qu' il	rompe
que nous	rompions
que vous	rompiez
qu' ils	rompent

passé

que j'	aie	rompu
que tu	aies	rompu
qu' il	ait	rompu
que nous	ayons	rompu
que vous	ayez	rompu
qu' ils	aient	rompu

imparfait

que je	rompisse
que tu	rompisses
qu' il	rompît
que nous	rompissions
que vous	rompissiez
qu' ils	rompissent

plus-que-parfait

que j'	eusse	rompu
que tu	eusses	rompu
qu' il	eût	rompu
que nous	eussions	rompu
que vous	eussiez	rompu
qu' ils	eussent	rompu

IMPERATIF

romps
rompons
rompez

PARTICIPE

présent	**passé**
rompant	rompu(e)

savoir
wissen

INDICATIF

présent

je	sais
tu	sais
il	sait
nous	savons
vous	savez
ils	savent

passé composé

j'	ai	su
tu	as	su
il	a	su
nous	avons	su
vous	avez	su
ils	ont	su

imparfait

je	savais
tu	savais
il	savait
nous	savions
vous	saviez
ils	savaient

plus-que-parfait

j'	avais	su
tu	avais	su
il	avait	su
nous	avions	su
vous	aviez	su
ils	avaient	su

passé simple

je	sus
tu	sus
il	sut
nous	sûmes
vous	sûtes
ils	surent

passé antérieur

j'	eus	su
tu	eus	su
il	eut	su
nous	eûmes	su
vous	eûtes	su
ils	eurent	su

futur simple

je	saurai
tu	sauras
il	saura
nous	saurons
vous	saurez
ils	sauront

futur antérieur

j'	aurai	su
tu	auras	su
il	aura	su
nous	aurons	su
vous	aurez	su
ils	auront	su

CONDITIONNEL

présent

je	saurais
tu	saurais
il	saurait
nous	saurions
vous	sauriez
ils	sauraient

passé

j'	aurais	su
tu	aurais	su
il	aurait	su
nous	aurions	su
vous	auriez	su
ils	auraient	su

SUBJONCTIF

présent

que je	sache
que tu	saches
qu' il	sache
que nous	sachions
que vous	sachiez
qu' ils	sachent

passé

que j'	aie	su
que tu	aies	su
qu' il	ait	su
que nous	ayons	su
que vous	ayez	su
qu' ils	aient	su

imparfait

que je	susse
que tu	susses
qu' il	sût
que nous	sussions
que vous	sussiez
qu' ils	sussent

plus-que-parfait

que j'	eusse	su
que tu	eusses	su
qu' il	eût	su
que nous	eussions	su
que vous	eussiez	su
qu' ils	eussent	su

IMPERATIF

sache
sachons
sachez

PARTICIPE

présent	passé
sachant	su(e)

servir
bedienen

Verliert im Singular des *Indicatif présent* den Endkonsonanten des Stamms (hier: **-v-**).

INDICATIF

présent		passé composé		
je	sers	j'	ai	servi
tu	sers	tu	as	servi
il	sert	il	a	servi
nous	servons	nous	avons	servi
vous	servez	vous	avez	servi
ils	servent	ils	ont	servi

imparfait		plus-que-parfait		
je	servais	j'	avais	servi
tu	servais	tu	avais	servi
il	servait	il	avait	servi
nous	servions	nous	avions	servi
vous	serviez	vous	aviez	servi
ils	servaient	ils	avaient	servi

passé simple		passé antérieur		
je	servis	j'	eus	servi
tu	servis	tu	eus	servi
il	servit	il	eut	servi
nous	servîmes	nous	eûmes	servi
vous	servîtes	vous	eûtes	servi
ils	servirent	ils	eurent	servi

futur simple		futur antérieur		
je	servirai	j'	aurai	servi
tu	serviras	tu	auras	servi
il	servira	il	aura	servi
nous	servirons	nous	aurons	servi
vous	servirez	vous	aurez	servi
ils	serviront	ils	auront	servi

CONDITIONNEL

présent		passé		
je	servirais	j'	aurais	servi
tu	servirais	tu	aurais	servi
il	servirait	il	aurait	servi
nous	servirions	nous	aurions	servi
vous	serviriez	vous	auriez	servi
ils	serviraient	ils	auraient	servi

SUBJONCTIF

présent	
que je	serve
que tu	serves
qu' il	serve
que nous	servions
que vous	serviez
qu' ils	servent

passé		
que j'	aie	servi
que tu	aies	servi
qu' il	ait	servi
que nous	ayons	servi
que vous	ayez	servi
qu' ils	aient	servi

imparfait	
que je	servisse
que tu	servisses
qu' il	servît
que nous	servissions
que vous	servissiez
qu' ils	servissent

plus-que-parfait		
que j'	eusse	servi
que tu	eusses	servi
qu' il	eût	servi
que nous	eussions	servi
que vous	eussiez	servi
qu' ils	eussent	servi

IMPERATIF

sers
servons
servez

PARTICIPE

présent	passé
servant	servi *(unveränderlich)*

suffire
genügen

INDICATIF

présent

je	suffis
tu	suffis
il	suffit
nous	suffisons
vous	suffisez
ils	suffisent

passé composé

j'	ai	suffi
tu	as	suffi
il	a	suffi
nous	avons	suffi
vous	avez	suffi
ils	ont	suffi

imparfait

je	suffisais
tu	suffisais
il	suffisait
nous	suffisions
vous	suffisiez
ils	suffisaient

plus-que-parfait

j'	avais	suffi
tu	avais	suffi
il	avait	suffi
nous	avions	suffi
vous	aviez	suffi
ils	avaient	suffi

passé simple

je	suffis
tu	suffis
il	suffit
nous	suffîmes
vous	suffîtes
ils	suffirent

passé antérieur

j'	eus	suffi
tu	eus	suffi
il	eut	suffi
nous	eûmes	suffi
vous	eûtes	suffi
ils	eurent	suffi

futur simple

je	suffirai
tu	suffiras
il	suffira
nous	suffirons
vous	suffirez
ils	suffiront

futur antérieur

j'	aurai	suffi
tu	auras	suffi
il	aura	suffi
nous	aurons	suffi
vous	aurez	suffi
ils	auront	suffi

CONDITIONNEL

présent

je	suffirais
tu	suffirais
il	suffirait
nous	suffirions
vous	suffiriez
ils	suffiraient

passé

j'	aurais	suffi
tu	aurais	suffi
il	aurait	suffi
nous	aurions	suffi
vous	auriez	suffi
ils	auraient	suffi

SUBJONCTIF

présent

que je	suffise
que tu	suffises
qu' il	suffise
que nous	suffisions
que vous	suffisiez
qu' ils	suffisent

passé

que j'	aie	suffi
que tu	aies	suffi
qu' il	ait	suffi
que nous	ayons	suffi
que vous	ayez	suffi
qu' ils	aient	suffi

imparfait

que je	suffisse
que tu	suffisses
qu' il	suffît
que nous	suffissions
que vous	suffissiez
qu' ils	suffissent

plus-que-parfait

que j'	eusse	suffi
que tu	eusses	suffi
qu' il	eût	suffi
que nous	eussions	suffi
que vous	eussiez	suffi
qu' ils	eussent	suffi

IMPERATIF

suffis
suffisons
suffisez

PARTICIPE

présent	passé
suffisant	suffi *(unveränderlich)*

suivre
folgen

INDICATIF

présent		passé composé		
je	suis	j'	ai	suivi
tu	suis	tu	as	suivi
il	suit	il	a	suivi
nous	suivons	nous	avons	suivi
vous	suivez	vous	avez	suivi
ils	suivent	ils	ont	suivi

imparfait		plus-que-parfait		
je	suivais	j'	avais	suivi
tu	suivais	tu	avais	suivi
il	suivait	il	avait	suivi
nous	suivions	nous	avions	suivi
vous	suiviez	vous	aviez	suivi
ils	suivaient	ils	avaient	suivi

passé simple		passé antérieur		
je	suivis	j'	eus	suivi
tu	suivis	tu	eus	suivi
il	suivit	il	eut	suivi
nous	suivîmes	nous	eûmes	suivi
vous	suivîtes	vous	eûtes	suivi
ils	suivirent	ils	eurent	suivi

futur simple		futur antérieur		
je	suivrai	j'	aurai	suivi
tu	suivras	tu	auras	suivi
il	suivra	il	aura	suivi
nous	suivrons	nous	aurons	suivi
vous	suivrez	vous	aurez	suivi
ils	suivront	ils	auront	suivi

CONDITIONNEL

présent		passé		
je	suivrais	j'	aurais	suivi
tu	suivrais	tu	aurais	suivi
il	suivrait	il	aurait	suivi
nous	suivrions	nous	aurions	suivi
vous	suivriez	vous	auriez	suivi
ils	suivraient	ils	auraient	suivi

SUBJONCTIF

présent	
que je	suive
que tu	suives
qu' il	suive
que nous	suivions
que vous	suiviez
qu' ils	suivent

passé		
que j'	aie	suivi
que tu	aies	suivi
qu' il	ait	suivi
que nous	ayons	suivi
que vous	ayez	suivi
qu' ils	aient	suivi

imparfait	
que je	suivisse
que tu	suivisses
qu' il	suivît
que nous	suivissions
que vous	suivissiez
qu' ils	suivissent

plus-que-parfait		
que j'	eusse	suivi
que tu	eusses	suivi
qu' il	eût	suivi
que nous	eussions	suivi
que vous	eussiez	suivi
qu' ils	eussent	suivi

IMPERATIF

suis
suivons
suivez

PARTICIPE

présent	passé
suivant	suivi(e)

traire
melken

-i- → **-y-** vor betonten Endungen, die mit Vokal beginnen.

INDICATIF

présent

je	trais
tu	trais
il	trait
nous	trayons
vous	trayez
ils	traient

passé composé

j'	ai	trait
tu	as	trait
il	a	trait
nous	avons	trait
vous	avez	trait
ils	ont	trait

imparfait

je	trayais
tu	trayais
il	trayait
nous	trayions
vous	trayiez
ils	trayaient

plus-que-parfait

j'	avais	trait
tu	avais	trait
il	avait	trait
nous	avions	trait
vous	aviez	trait
ils	avaient	trait

passé simple

—
—
—
—
—
—

passé antérieur

j'	eus	trait
tu	eus	trait
il	eut	trait
nous	eûmes	trait
vous	eûtes	trait
ils	eurent	trait

futur simple

je	trairai
tu	trairas
il	traira
nous	trairons
vous	trairez
ils	trairont

futur antérieur

j'	aurai	trait
tu	auras	trait
il	aura	trait
nous	aurons	trait
vous	aurez	trait
ils	auront	trait

CONDITIONNEL

présent

je	trairais
tu	trairais
il	trairait
nous	trairions
vous	trairiez
ils	trairaient

passé

j'	aurais	trait
tu	aurais	trait
il	aurait	trait
nous	aurions	trait
vous	auriez	trait
ils	auraient	trait

SUBJONCTIF

présent

que je	traie
que tu	traies
qu' il	traie
que nous	trayions
que vous	trayiez
qu' ils	traient

passé

que j'	aie	trait
que tu	aies	trait
qu' il	ait	trait
que nous	ayons	trait
que vous	ayez	trait
qu' ils	aient	trait

imparfait

—
—
—
—
—
—

plus-que-parfait

que j'	eusse	trait
que tu	eusses	trait
qu' il	eût	trait
que nous	eussions	trait
que vous	eussiez	trait
qu' ils	eussent	trait

IMPERATIF

trais
trayons
trayez

PARTICIPE

présent	passé
trayant	trait(e)

vaincre

besiegen

-c- → **-qu-** vor Vokal (Ausnahme: *Participe passé*)

INDICATIF

présent

je	vaincs
tu	vaincs
il	vainc
nous	vainquons
vous	vainquez
ils	vainquent

passé composé

j'	ai	vaincu
tu	as	vaincu
il	a	vaincu
nous	avons	vaincu
vous	avez	vaincu
ils	ont	vaincu

imparfait

je	vainquais
tu	vainquais
il	vainquait
nous	vainquions
vous	vainquiez
ils	vainquaient

plus-que-parfait

j'	avais	vaincu
tu	avais	vaincu
il	avait	vaincu
nous	avions	vaincu
vous	aviez	vaincu
ils	avaient	vaincu

passé simple

je	vainquis
tu	vainquis
il	vainquit
nous	vainquîmes
vous	vainquîtes
ils	vainquirent

passé antérieur

j'	eus	vaincu
tu	eus	vaincu
il	eut	vaincu
nous	eûmes	vaincu
vous	eûtes	vaincu
ils	eurent	vaincu

futur simple

je	vaincrai
tu	vaincras
il	vaincra
nous	vaincrons
vous	vaincrez
ils	vaincront

futur antérieur

j'	aurai	vaincu
tu	auras	vaincu
il	aura	vaincu
nous	aurons	vaincu
vous	aurez	vaincu
ils	auront	vaincu

CONDITIONNEL

présent

je	vaincrais
tu	vaincrais
il	vaincrait
nous	vaincrions
vous	vaincriez
ils	vaincraient

passé

j'	aurais	vaincu
tu	aurais	vaincu
il	aurait	vaincu
nous	aurions	vaincu
vous	auriez	vaincu
ils	auraient	vaincu

SUBJONCTIF

présent

que je	vainque
que tu	vainques
qu' il	vainque
que nous	vainquions
que vous	vainquiez
qu' ils	vainquent

passé

que j'	aie	vaincu
que tu	aies	vaincu
qu' il	ait	vaincu
que nous	ayons	vaincu
que vous	ayez	vaincu
qu' ils	aient	vaincu

imparfait

que je	vainquisse
que tu	vainquisses
qu' il	vainquît
que nous	vainquissions
que vous	vainquissiez
qu' ils	vainquissent

plus-que-parfait

que j'	eusse	vaincu
que tu	eusses	vaincu
qu' il	eût	vaincu
que nous	eussions	vaincu
que vous	eussiez	vaincu
qu' ils	eussent	vaincu

IMPERATIF

vaincs
vainquons
vainquez

PARTICIPE

présent	**passé**
vainquant	vaincu(e)

valoir
wert sein

INDICATIF

présent

je	vaux
tu	vaux
il	vaut
nous	valons
vous	valez
ils	valent

passé composé

j'	ai	valu
tu	as	valu
il	a	valu
nous	avons	valu
vous	avez	valu
ils	ont	valu

imparfait

je	valais
tu	valais
il	valait
nous	valions
vous	valiez
ils	valaient

plus-que-parfait

j'	avais	valu
tu	avais	valu
il	avait	valu
nous	avions	valu
vous	aviez	valu
ils	avaient	valu

passé simple

je	valus
tu	valus
il	valut
nous	valûmes
vous	valûtes
ils	valurent

passé antérieur

j'	eus	valu
tu	eus	valu
il	eut	valu
nous	eûmes	valu
vous	eûtes	valu
ils	eurent	valu

futur simple

je	vaudrai
tu	vaudras
il	vaudra
nous	vaudrons
vous	vaudrez
ils	vaudront

futur antérieur

j'	aurai	valu
tu	auras	valu
il	aura	valu
nous	aurons	valu
vous	aurez	valu
ils	auront	valu

CONDITIONNEL

présent

je	vaudrais
tu	vaudrais
il	vaudrait
nous	vaudrions
vous	vaudriez
ils	vaudraient

passé

j'	aurais	valu
tu	aurais	valu
il	aurait	valu
nous	aurions	valu
vous	auriez	valu
ils	auraient	valu

SUBJONCTIF

présent

que je	vaille
que tu	vailles
qu' il	vaille
que nous	valions
que vous	valiez
qu' ils	vaillent

passé

que j'	aie	valu
que tu	aies	valu
qu' il	ait	valu
que nous	ayons	valu
que vous	ayez	valu
qu' ils	aient	valu

imparfait

que je	valusse
que tu	valusses
qu' il	valût
que nous	valussions
que vous	valussiez
qu' ils	valussent

plus-que-parfait

que j'	eusse	valu
que tu	eusses	valu
qu' il	eût	valu
que nous	eussions	valu
que vous	eussiez	valu
qu' ils	eussent	valu

IMPERATIF

vaux
valons
valez

PARTICIPE

présent	passé
valant	valu(e)

venir

kommen

INDICATIF

présent

je	viens
tu	viens
il	vient
nous	venons
vous	venez
ils	viennent

passé composé

je	suis	venu
tu	es	venu
il	est	venu
nous	sommes	venus
vous	êtes	venus
ils	sont	venus

imparfait

je	venais
tu	venais
il	venait
nous	venions
vous	veniez
ils	venaient

plus-que-parfait

j'	étais	venu
tu	étais	venu
il	était	venu
nous	étions	venus
vous	étiez	venus
ils	étaient	venus

passé simple

je	vins
tu	vins
il	vint
nous	vînmes
vous	vîntes
ils	vinrent

passé antérieur

je	fus	venu
tu	fus	venu
il	fut	venu
nous	fûmes	venus
vous	fûtes	venus
ils	furent	venus

futur simple

je	viendrai
tu	viendras
il	viendra
nous	viendrons
vous	viendrez
ils	viendront

futur antérieur

je	serai	venu
tu	seras	venu
il	sera	venu
nous	serons	venus
vous	serez	venus
ils	seront	venus

CONDITIONNEL

présent

je	viendrais
tu	viendrais
il	viendrait
nous	viendrions
vous	viendriez
ils	viendraient

passé

je	serais	venu
tu	serais	venu
il	serait	venu
nous	serions	venus
vous	seriez	venus
ils	seraient	venus

SUBJONCTIF

présent

que je	vienne
que tu	viennes
qu' il	vienne
que nous	venions
que vous	veniez
qu' ils	viennent

passé

que je	sois	venu
que tu	sois	venu
qu' il	soit	venu
que nous	soyons	venus
que vous	soyez	venus
qu' ils	soient	venus

imparfait

que je	vinsse
que tu	vinsses
qu' il	vînt
que nous	vinssions
que vous	vinssiez
qu' ils	vinssent

plus-que-parfait

que je	fusse	venu
que tu	fusses	venu
qu' il	fût	venu
que nous	fussions	venus
que vous	fussiez	venus
qu' ils	fussent	venus

IMPERATIF

viens
venons
venez

PARTICIPE

présent	**passé**
venant	venu(e)

vêtir

anziehen, bekleiden

Der *Accent circonflexe* bleibt in allen Formen erhalten.

INDICATIF

présent

je	vêts
tu	vêts
il	vêt
nous	vêtons
vous	vêtez
ils	vêtent

passé composé

j'	ai	vêtu
tu	as	vêtu
il	a	vêtu
nous	avons	vêtu
vous	avez	vêtu
ils	ont	vêtu

imparfait

je	vêtais
tu	vêtais
il	vêtait
nous	vêtions
vous	vêtiez
ils	vêtaient

plus-que-parfait

j'	avais	vêtu
tu	avais	vêtu
il	avait	vêtu
nous	avions	vêtu
vous	aviez	vêtu
ils	avaient	vêtu

passé simple

je	vêtis
tu	vêtis
il	vêtit
nous	vêtîmes
vous	vêtîtes
ils	vêtirent

passé antérieur

j'	eus	vêtu
tu	eus	vêtu
il	eut	vêtu
nous	eûmes	vêtu
vous	eûtes	vêtu
ils	eurent	vêtu

futur simple

je	vêtirai
tu	vêtiras
il	vêtira
nous	vêtirons
vous	vêtirez
ils	vêtiront

futur antérieur

j'	aurai	vêtu
tu	auras	vêtu
il	aura	vêtu
nous	aurons	vêtu
vous	aurez	vêtu
ils	auront	vêtu

CONDITIONNEL

présent

je	vêtirais
tu	vêtirais
il	vêtirait
nous	vêtirions
vous	vêtiriez
ils	vêtiraient

passé

j'	aurais	vêtu
tu	aurais	vêtu
il	aurait	vêtu
nous	aurions	vêtu
vous	auriez	vêtu
ils	auraient	vêtu

SUBJONCTIF

présent

que je	vête
que tu	vêtes
qu' il	vête
que nous	vêtions
que vous	vêtiez
qu' ils	vêtent

passé

que j'	aie	vêtu
que tu	aies	vêtu
qu' il	ait	vêtu
que nous	ayons	vêtu
que vous	ayez	vêtu
qu' ils	aient	vêtu

imparfait

que je	vêtisse
que tu	vêtisses
qu' il	vêtît
que nous	vêtissions
que vous	vêtissiez
qu' ils	vêtissent

plus-que-parfait

que j'	eusse	vêtu
que tu	eusses	vêtu
qu' il	eût	vêtu
que nous	eussions	vêtu
que vous	eussiez	vêtu
qu' ils	eussent	vêtu

IMPERATIF

vêts
vêtons
vêtez

PARTICIPE

présent	passé
vêtant	vêtu(e)

vivre
leben

INDICATIF

présent

je	vis
tu	vis
il	vit
nous	vivons
vous	vivez
ils	vivent

passé composé

j'	ai	vécu
tu	as	vécu
il	a	vécu
nous	avons	vécu
vous	avez	vécu
ils	ont	vécu

imparfait

je	vivais
tu	vivais
il	vivait
nous	vivions
vous	viviez
ils	vivaient

plus-que-parfait

j'	avais	vécu
tu	avais	vécu
il	avait	vécu
nous	avions	vécu
vous	aviez	vécu
ils	avaient	vécu

passé simple

je	vécus
tu	vécus
il	vécut
nous	vécûmes
vous	vécûtes
ils	vécurent

passé antérieur

j'	eus	vécu
tu	eus	vécu
il	eut	vécu
nous	eûmes	vécu
vous	eûtes	vécu
ils	eurent	vécu

futur simple

je	vivrai
tu	vivras
il	vivra
nous	vivrons
vous	vivrez
ils	vivront

futur antérieur

j'	aurai	vécu
tu	auras	vécu
il	aura	vécu
nous	aurons	vécu
vous	aurez	vécu
ils	auront	vécu

CONDITIONNEL

présent

je	vivrais
tu	vivrais
il	vivrait
nous	vivrions
vous	vivriez
ils	vivraient

passé

j'	aurais	vécu
tu	aurais	vécu
il	aurait	vécu
nous	aurions	vécu
vous	auriez	vécu
ils	auraient	vécu

SUBJONCTIF

présent

que je	vive
que tu	vives
qu' il	vive
que nous	vivions
que vous	viviez
qu' ils	vivent

passé

que j'	aie	vécu
que tu	aies	vécu
qu' il	ait	vécu
que nous	ayons	vécu
que vous	ayez	vécu
qu' ils	aient	vécu

imparfait

que je	vécusse
que tu	vécusses
qu' il	vécût
que nous	vécussions
que vous	vécussiez
qu' ils	vécussent

plus-que-parfait

que j'	eusse	vécu
que tu	eusses	vécu
qu' il	eût	vécu
que nous	eussions	vécu
que vous	eussiez	vécu
qu' ils	eussent	vécu

IMPERATIF

vis
vivons
vivez

PARTICIPE

présent	passé
vivant	vécu(e)

voir
sehen

INDICATIF

présent
je	vois
tu	vois
il	voit
nous	voyons
vous	voyez
ils	voient

passé composé
j'	ai	vu
tu	as	vu
il	a	vu
nous	avons	vu
vous	avez	vu
ils	ont	vu

imparfait
je	voyais
tu	voyais
il	voyait
nous	voyions
vous	voyiez
ils	voyaient

plus-que-parfait
j'	avais	vu
tu	avais	vu
il	avait	vu
nous	avions	vu
vous	aviez	vu
ils	avaient	vu

passé simple
je	vis
tu	vis
il	vit
nous	vîmes
vous	vîtes
ils	virent

passé antérieur
j'	eus	vu
tu	eus	vu
il	eut	vu
nous	eûmes	vu
vous	eûtes	vu
ils	eurent	vu

futur simple
je	verrai
tu	verras
il	verra
nous	verrons
vous	verrez
ils	verront

futur antérieur
j'	aurai	vu
tu	auras	vu
il	aura	vu
nous	aurons	vu
vous	aurez	vu
ils	auront	vu

CONDITIONNEL

présent
je	verrais
tu	verrais
il	verrait
nous	verrions
vous	verriez
ils	verraient

passé
j'	aurais	vu
tu	aurais	vu
il	aurait	vu
nous	aurions	vu
vous	auriez	vu
ils	auraient	vu

SUBJONCTIF

présent
que je	voie
que tu	voies
qu' il	voie
que nous	voyions
que vous	voyiez
qu' ils	voient

passé
que j'	aie	vu
que tu	aies	vu
qu' il	ait	vu
que nous	ayons	vu
que vous	ayez	vu
qu' ils	aient	vu

imparfait
que je	visse
que tu	visses
qu' il	vît
que nous	vissions
que vous	vissiez
qu' ils	vissent

plus-que-parfait
que j'	eusse	vu
que tu	eusses	vu
qu' il	eût	vu
que nous	eussions	vu
que vous	eussiez	vu
qu' ils	eussent	vu

IMPERATIF
vois
voyons
voyez

PARTICIPE
présent	passé
voyant	vu(e)

vouloir
wollen

INDICATIF

présent
je	veux
tu	veux
il	veut
nous	voulons
vous	voulez
ils	veulent

passé composé
j'	ai	voulu
tu	as	voulu
il	a	voulu
nous	avons	voulu
vous	avez	voulu
ils	ont	voulu

imparfait
je	voulais
tu	voulais
il	voulait
nous	voulions
vous	vouliez
ils	voulaient

plus-que-parfait
j'	avais	voulu
tu	avais	voulu
il	avait	voulu
nous	avions	voulu
vous	aviez	voulu
ils	avaient	voulu

passé simple
je	voulus
tu	voulus
il	voulut
nous	voulûmes
vous	voulûtes
ils	voulurent

passé antérieur
j'	eus	voulu
tu	eus	voulu
il	eut	voulu
nous	eûmes	voulu
vous	eûtes	voulu
ils	eurent	voulu

futur simple
je	voudrai
tu	voudras
il	voudra
nous	voudrons
vous	voudrez
ils	voudront

futur antérieur
j'	aurai	voulu
tu	auras	voulu
il	aura	voulu
nous	aurons	voulu
vous	aurez	voulu
ils	auront	voulu

CONDITIONNEL

présent
je	voudrais
tu	voudrais
il	voudrait
nous	voudrions
vous	voudriez
ils	voudraient

passé
j'	aurais	voulu
tu	aurais	voulu
il	aurait	voulu
nous	aurions	voulu
vous	auriez	voulu
ils	auraient	voulu

SUBJONCTIF

présent
que je	veuille
que tu	veuilles
qu' il	veuille
que nous	voulions
que vous	vouliez
qu' ils	veuillent

passé
que j'	aie	voulu
que tu	aies	voulu
qu' il	ait	voulu
que nous	ayons	voulu
que vous	ayez	voulu
qu' ils	aient	voulu

imparfait
que je	voulusse
que tu	voulusses
qu' il	voulût
que nous	voulussions
que vous	voulussiez
qu' ils	voulussent

plus-que-parfait
que j'	eusse	voulu
que tu	eusses	voulu
qu' il	eût	voulu
que nous	eussions	voulu
que vous	eussiez	voulu
qu' ils	eussent	voulu

IMPERATIF

veux / veuille
voulons / veuillons
voulez / veuillez

PARTICIPE

présent	passé
voulant	voulu(e)

Unvollständige Verben

Einige französische Verben werden nur in bestimmten Zeitformen oder bestimmten Personen einer Zeitform verwendet. Die wichtigsten sind nachstehend aufgeführt.

bruire rauschen	**ind. présent:** ..... il bruit, ils bruissent **imparfait:** .... il bruissait, ils bruissaient **subj. présent:** .... qu'il bruisse, qu'ils bruissent **part. présent:** .... bruissant
choir fallen	vor allem im Infinitiv in der Wendung *laisser choir* gebräuchlich **ind. présent:** ...... je chois, tu chois, il choit, ils choient **passé simple:** .... je chus, tu chus, il chut, nous chûmes, vous chûtes, ils churent **cond. présent:** ... je choirais, tu choirais, il choirait, nous choirons, vous choiriez, ils choiraient **part. passé:** .... chu(e) + zusammengesetzte Zeiten mit *être* (hin und wieder mit *avoir*)
clore schließen	**ind. présent:** ...... je clos, tu clos, il clôt, ils closent **futur simple:** ..... je clorai, tu cloras, il clora, nous clorons, vous clorez, ils cloront **cond. présent:** ... je clorais, tu clorais, il clorait, nous clorions, vous cloriez, ils cloraient **subj. présent:** .... que je close, que tu closes, qu'il close, que nous closions, que vous closiez, qu'ils closent **part. passé:** .... clos(e) + zusammengesetzte Zeiten mit *avoir*
déchoir verfallen	vor allem im Infinitiv sowie als **part. passé** gebräuchlich **ind. présent:** ...... je déchois, tu déchois, il déchoit, nous déchoyons, vous déchoyez, ils déchoient **passé simple:** .... je déchus, tu déchus, il déchut, nous déchûmes, vous déchûtes, ils déchurent **futur simple:** ..... je déchoirai, tu déchoiras, il déchoira, nous déchoirons, vous déchoirez, ils déchoiront **cond. présent:** ... je déchoirais, tu déchoirais, il déchoirait, nous déchoirions, vous déchoiriez, ils déchoiraient **subj. présent:** .... que je déchoie, que tu déchoies, qu'il déchoie, que nous déchoyions, que vous déchoyiez, qu'ils déchoient **subj. imparfait:** . que je déchusse, que tu déchusses, qu'il déchût, que nous déchussions, que vous déchussiez, qu'ils déchussent **part. passé:** .... déchu(e) + zusammengesetzte Zeiten mit *avoir* oder *être*

échoir
ablaufen, fällig werden

ind. présent:...... il échoit, ils échoient
imparfait: .... il échoyait, ils échoyaient
passé simple: .... il échut, ils échurent
futur simple: ..... il échoira, ils échoiront
cond. présent:... il échoirait, ils échoiraient
subj. présent:.... qu'il échoie, qu'ils échoient
subj. imparfait:. qu'il échût, qu'ils échussent
part. présent:.... échéant
part. passé: .... échu(e)
+ zusammengesetzte Zeiten mit *être* oder *avoir*

éclore
aufblühen, ausschlüpfen

ind. présent:...... il éclôt / il éclot, ils éclosent
übrige Zeiten wie *clore*, jedoch nur in der 3. Person Singular und Plural
zusammengesetzte Zeiten mit *être* (hin und wieder mit *avoir*)

s'ensuivre
resultieren

ind. présent:...... il s'ensuit
imparfait: .... il s'ensuivait
passé simple: .... il s'ensuivit
futur simple: ..... il s'ensuivra
cond. présent:... il s'ensuivrait
passé composé: il s'est ensuivi / il s'en est suivi
subj. présent:.... qu'il s'ensuive
subj. imparfait:. qu'il s'ensuivît
+ übrige zusammengesetzte Zeiten (die Vorsilbe *en-* kann wie im **passé composé** abgetrennt werden)

faillir
beinahe etwas tun

vor allem im Infinitiv, **passé simple** sowie in den zusammengesetzten Zeiten gebräuchlich
ind. présent, imparfait, futur simple, cond. présent: wie *finir* (Nr. 16)
passé simple: .... je faillis, tu faillis, il faillit, nous faillîmes, vous faillîtes, ils faillirent
part. présent:.... faillant
part. passé: .... failli
+ zusammengesetzte Zeiten mit *avoir*

frire
braten

ind. présent:...... je fris, tu fris, il frit
futur simple: ..... je frirai, tu friras, il frira, nous frirons, vous frirez, ils friront
cond. présent:... je frirais, tu frirais, il frirait, nous fririons, vous fririez, ils friraient
impératif: .... fris
part. passé: .... frit(e)
+ zusammengesetzte Zeiten mit *avoir*
für die übrigen Zeiten wird *faire frire* benutzt

gésir liegen	**ind. présent:**...... je gis, tu gis, il gît, nous gisons, vous gisez, ils gisent **imparfait:** .... je gisais, tu gisais, il gisait, nous gisions, vous gisiez, ils gisaient **part. présent:**.... gisant
ouïr hören	**part. passé:** .... ouï(e) + zusammengesetzte Zeiten mit *avoir*
paître weiden	**ind. présent:**...... je pais, tu pais, il paît, nous paissons, vous paissez, ils paissent **imparfait:** .... je paissais, tu paissais, il paissait, nous paissions, vous paissiez, ils paissaient **futur simple:** ..... je paîtrai, tu paîtras, il paîtra, nous paîtrons, vous paîtrez, ils paîtront **cond. présent:**... je paîtrais, tu paîtrais, il paîtrait, nous paîtrions, vous paîtriez, ils paîtraient **subj. présent:**.... que je paisse, que tu paisses, qu'il paisse, que nous paissions, que vous paissiez, qu'ils paissent **part. présent:**.... paissant
poindre sprießen; anbrechen	**ind. présent:**...... il point **imparfait:** .... il poignait **futur simple:** ..... il poindra **cond. présent:**... il poindrait **part. présent:**.... poignant
quérir suchen	nur im Infinitiv nach *aller, envoyer, faire* und *venir* gebräuchlich
seoir gut stehen	**ind. présent:**...... il sied, ils siéent **imparfait:** .... il seyait, ils seyaient **futur simple:** ..... il siéra, ils siéront **cond. présent:**... il siérait, ils siéraient **subj. présent:**.... qu'il siée, qu'ils siéent **part. présent:**.... seyant

Alphabetische Verbliste

In nachstehender Liste sind die wichtigsten regelmäßigen und unregelmäßigen französischen Verben in alphabetischer Folge aufgeführt. Zusätzlich sind bei einigen Verben die zugehörigen Präpositionen angegeben, deren korrekte Verwendung gerade dem deutschen Benutzer immer wieder Schwierigkeiten bereitet.

Die Zahlen verweisen auf die Konjugationsnummern der in diesem Buch beispielhaft konjugierten Verben. Diese Musterverben sind grün hervorgehoben. Unvollständige Verben, deren Konjugation Sie auf den Seiten 85 – 87 finden, sind durch *déf. (défectif)* bezeichnet.

Verben, deren zusammengesetzte Zeiten mit dem Hilfsverb *être* gebildet werden, sind durch ein grünes Sternchen (*) gekennzeichnet, Verben mit wechselndem Gebrauch von *avoir* und *être* sind mit einem schwarzen Sternchen (*) markiert.

Werden Verben auch reflexiv verwendet, ist dies mit dem Pronomen *se* bzw. *s'* angegeben. In diesen Fällen werden die zusammengesetzten Formen stets mit *être* gebildet.

Verwendete Abkürzungen:

⊖ = fehlt
qc = *quelque chose* (etwas)
qn = *quelqu'un* (jemand)
cond. = *conditionnel*
fut. = *futur simple*
imp. = *imparfait*
p.p. = *participe passé*
p.p. inv. = *participe passé invariable* (unveränderliches Partizip)
p.s. = *passé simple*
prés. = *présent*
subj. = *subjonctif*

A

abattre *(s'... sur)* 23
abolir 16
aboutir *p.p. inv.* 16
aboyer 14
abréger . . . . 7 + 12
abroger 7
abrutir 16
absoudre 17
abstenir *(s'... de)* 70
abstraire 67
accéder 12
accélérer 12
accomplir 16
accourir * 29
accroître 18
accroupir *(s')* 16
accueillir 34
acérer 12
acheter 11
achever 11
acquérir 19
acquiescer 6
adhérer *p.p. inv.* 12
adjoindre 44
adjuger 7
admettre 46
adoucir 16
advenir * 70
aérer *(s')* 12
affaiblir *(s')* 16
affermir 16
affilier à *(s'... à)* 4
affliger *(s'... de)* 7
affranchir *(s'... de)* 16
affréter 12
agacer 6
agencer 6
agglomérer 12
agir *(s'agir de: p.p. inv.)* . 16
agrandir *(s')* 16
agréer 5
aguerrir 16
ahurir 16
aigrir 16
aliéner 12
allécher 12
alléger . . . . 7 + 12
alléguer 12
aller * 20
allier * *qc à/avec qc*
(s' ... à qn) 4
allonger *(s')* 7
alourdir 16
altérer 12
alunir * 16
amaigrir 16
aménager 7
amener 11
amerrir * *p.p. inv.* 16
amincir 16
amnistier 4
amoindrir 16
amollir 16
amonceler *(s')* 8
amorcer 6
amortir 16
amplifier 4
anéantir 16
anémier 4
anesthésier 4
annoncer 6
anoblir 16
apercevoir *(s'... de qc)* . . 59
apitoyer *(s'... sur)* 14
aplanir 16
aplatir 16
apparaître * 27
apparier 4
appartenir 70

B

C

D

E

F

G

H

I

J

L

Q

R

S

T

U

V

Z